空間デザイン帖

リアル ⇌ バーチャル

REAL,
VIRTUAL,
SPACE DESIGN

一般社団法人日本空間デザイン協会

『空間デザイン帖』の使い方

『空間創造発想帖』

この『空間デザイン帖〜リアル⇄バーチャル』は、10年前に出版された『空間創造発想帖』のコンセプトを継承している。あれからわずか10年、されど10年、デジタル・ネットワーク・テクノロジーは想像以上に加速度的に進化・発展を続け、空間デザインのあり方に大きな影響を与えている。この10年を振り返りながら、これからの空間、近未来の空間を想い描くための補助線として、この本を活用してほしい。空間は五感でめぐる等身大の情報環境だ！

人は空間に生きている

太古の昔から、生きることは、暮らすことであり、遊びであり、学びであり、働きである。すべての営みは空間にあり、コトは空間で興る。それは、これまでがずっとそうだったように、これからもずっと変わることはない。たとえデジタル・ネットワーク・テクノロジーがより高度に発展しても、空間は空間である。すべての人間も、そして動植物も、昔も今も未来も、空間と共にあるのだ。

Wi-Fi・GPS・スマホ

インターネットの発明と発達は、あっと言う間にクラウド・コンピューティングまでたどり着いた。バーチャル・リアリティという仮想環境を表す概念や技術を初めて目の当たりにしたのは、すでに遠い過去のようだ。思えばしきりに、「リアル」か「バーチャル」かの相対を、分け隔ててとらえていたし、それぞれの空間をつくるコンセプトも、クリエイターも、ワークも、むろん業界も異なっていた。やがて間もなく「リアル」と「バーチャル」は、区別することさえ無意味な、融合したひとつの情報環境として、同次元に存在する状態になった。私たちは今、そんな世界に暮らしている。

空間は知覚を共有する場

AI、ロボット、そしてシンギュラリティといった言葉を、日々ニュースで耳にする今日。あらためて、人間が人間たる所以の根源である創造性が問われる時代がやってきた。それは、AIやロボットが発達すればするほどに、人間の知覚のあり方をとらえ直すことの意義が高まるということなのだ。人間の営みは、すべて知覚を通じて営まれる空間体験なのである。あらゆる事業も同様に、なんらかの空間によってモノやコトをやりとりすることで交流・交換・交感している。

空間デザインはどこへ行く？

私たちが生業とする空間デザインなるクリエイティブは、これからいったいどうなるのだろうか？例えば、ショッピングのあり方は激変し続けている。健康・医療・福祉のための空間はますますその重要性が問われている。働くオフィス空間のあり方も。子どもたちの遊びの空間、学びの空間も。

「動詞」でひもとく空間デザイン

変わりゆく空間そのものをとらえ、近未来を予見し、これからの仕事にいかすため、本書では、空間デザインというクリエイティブを「動詞」でひもとくことを試みた。空間は、常に人間の営みすべてを包含している通り、どのような営みを主題とした空間なのか？ どのようなクリエイティブをもってその空間が創造されたのか、多様な空間を「動詞」を頼りに探索しよう。

空間を創造する仕事

空間をつくる者も、過ごす者も、使う者も、売買する者も。その空間で事業をするものも。本書は、空間デザインというクリエイティブの現在から未来への羅針盤となるだろう。

動詞でひもとく空間デザイン領域　〜キーワード・マトリクス

右図の「動詞」は本書のタグになっている。中央に営みの基本となる「暮」を置き、さまざまな目的をもつ空間を4象限に展開した。関心のある領域からページを開いてみるのもよいだろう。

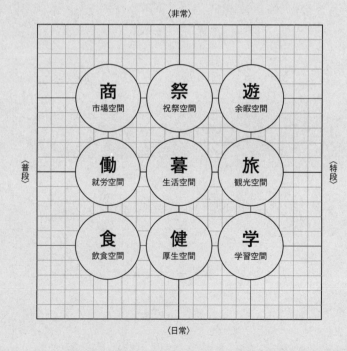

目次

006 **総論　港 千尋**
「非・場所」化する世界の中で、どうリアリティを取り戻すのか

076 **Column｜これも空間デザイン?**
ストーンヘンジ／ダンボールハウス／盆栽／庭／机上

108 **Column｜これも空間デザイン?**
墓／スノードーム／ブロック／クルマ／仏壇

162 **Column｜これも空間デザイン?**
電話ボックス／ツリーハウス／祭り／屋台／公園

172 **Column｜これも空間デザイン?**
神社／華道／オンラインゲーム／棚田／窓

201 執筆者紹介

作品ページの見方
漢字：発想の原点となるキーワードを漢字一文字で表現
本文：キーワードに基づいた解説
合番作品解説：つくり手ならではの制作解説
物件クレジット：場所｜完成年｜プロダクション名｜担当した仕事｜撮影者名
コラム：「リアル×バーチャル」をテーマに「100年後につくりたい空間」を自由に発想

009 **商**
堀 健一
重なり始めた商・住・働空間

047 **祭**
増田セバスチャン
経験を与えるインスタレーション

059 **旅**
石川直樹
探検家が知っている旅と空間

079 遊
渡邉英徳
最新技術による遊びが、時空を超えて人々をつなぐ

111 学
福岡伸一
人間の知性を呼び覚ます、学びの時間軸を育む場

139 健
赤池 学
空間デザインに多様な補助線を

147 食
小山薫堂
食のおいしさを生む、狭い空間と価値

165 働
林 宏昌
働く、暮らす、創発を育む空間

175 暮
山崎 亮
人々と共に「地域の未来」をデザインする

Introduction ｜ 総論

「非・場所」化する世界の中で、どうリアリティを取り戻すのか

港 千尋
Minato Chihiro

激変する都市やインフラ。増え続ける「非・場所」

千鳥ヶ淵にある私の事務所の裏手には、インド大使館があり、少し歩けば皇居が広がっている。ロンドンのバッキンガム宮殿やパリのエリゼ宮がそうであるように、皇居周辺というのは場所として最も安定していて、変化しにくいように思われがちだ。しかし、ここ10年、この辺りは激変した。インド大使館は新しく建て替わり、その向こう側にあった九段坂病院という有名な病院は移転して空地になった。さらにその先には、フェアモントホテルという、よく打ち合わせで使っていた古いホテルがあったのだけれど、そこも今では高級マンションになっている。最も変わ

らないと思っていた場所も大きく変わった。それがこの10年で起きたことだ。

世の中の変化は加速している。携帯電話やスマートフォンが発達して、映像環境の激変は無視できないものになった。2010年ごろには、誰もが映像を撮り、録画し、発信するという変化が起きて、今やそれが世の中をどんどん変え、とうとう貨幣を変えるところまできている。そう考えると、インフラのあり方が変わった10年とも言えるだろう。

こうした変化の始まりのひとつに、「非・場所」の増加が挙げられる。場所とは、それ以外の場所とは全く違う価値をもち、歴史的な時間軸があり、人間と有機的な結び付きをもってきたものだ。それに対して一切、そうしたものをもたない「非・場所」というものが、1990年代から爆発的に増えてきた。

「非・場所」の概念は、フランスの人類学者マルク・オジェによるものだ。彼はパリのシャルル・ド・ゴール空港のターミナルが新しくなると同時に、フランス全土で高速道路網の整備が始まったことから、どこへ行ってもショッピングモールや高速道路で構成された同じ風景が増えてきたと指摘した。ちょうど1970年代のアメリカで、郊外化やモータリゼーションによって起きたことと同じように。そして、それを彼は「非・場所」と呼んだ。

2000年ごろになると「非・場所」化は世界に広まり、今では日本だけでなく、上海やシンガポールといったアジアの諸都市が、どこへ行っても違いの分からないモール都市のようになっている。つまり、場所性を欠いた、埋め立て地のような都市になってきたというわけだ。情報空間が変わり、誰もが映像を発信する側になったことと並行して、都市そのもののつくりが変わった。それはつまり、個性を必要としない街づくりが顕著になってきたということだ。

築地市場移転に見る場所と「非・場所」の転換

2018年は東京にとって、「非・場所」化の象徴的な年だった。築地市場が豊洲へ移転したのだ。もともと築地市場は関東大震災の影響で、日本橋にあった魚河岸が移ってきたものだから、それほど長い歴史をもっていたわけではない。それでもあそこには、人々の個人的な記憶や築地の町の記憶みたいなものが染み込んでいて、営業最終日にはそれを惜しむ人たちが行列をなしていた。

一方、移転先の豊洲は、もとは人の住んでいない埋め立て地で、工場の並ぶ工業地として発展した場所だ。食べる場所や買う場所が何もなかったことから、セブンイレブンの1号店ができたのも豊洲だった。この「コンビニ」というものが、日本全国の「非・場所」化を推し進める強い力だったと私は思っている。

今ではタワーマンションがたくさん建つ豊洲だが、理由はどうあれ、「非・場所」の典型のような場所に築地市場を移転したということは、日本、特に東京にとっての場所と「非・場所」が転換した一例として、深く記憶されるだろう。

仮想と現実が重なる第三の空間でどう歴史や記憶を取り戻すのか

「非・場所」ということで言えば、バーチャル空間もそれに当てはまる。今やリアル空間とバーチャル空間の境目は、ほぼ見えない時代に突入した。電車に乗れば、9割の人がスマートフォンでゲー

ムをしている。あの人たちがリアル空間とバーチャル空間のどちらにいるのかと問うこと自体、意味がない。今は、仮想と現実が重ね合わさり、それらが統合された第三の空間になっているのだ。そんな中で、私たちはどうリアリティを取り戻すのだろうか。そのカギになってくるのが、歴史的なつながりや記憶だ。記憶をどう取り戻し、どうもう一度手触りのあるものにするのか。

クリエイターにとって何かしらヒントになるものがあるとするなら、根源にさかのぼることだ。それぞれのジャンルに根源というものがあり、そこに常に軸線をもっておく、体内でそちらの方向性を感じておく。そうしないと自分自身が漂流してしまうのではないだろうか。

私自身のことで言えば、1990年前後に壁画の描かれた洞窟に入ってから、約10年をかけて『洞窟へ 心とイメージのアルケオロジー』という本を書いた。なぜ洞窟だったのかといえば、視覚が効かないという写真家にとって本来の機能を発揮できない状態になれるからだ。そうすることで視覚以外の感覚が蘇ってくる。目が暗闇に慣れても、洞窟の中は暗くて何も見えない。そういう人間本来の感覚を呼び覚ます洞窟は、私にとって漂流しないための艫綱(ともづな)みたいな場所だ。そして、誰しもそういう根源的なものをもつことが重要なのだと思う。

エキスポ2025で打ち出すべきは人間らしく生きるための処方箋

2025年の万博が大阪に決まった。1970年の大阪万博をもう一度という期待よりは、2025年に日本が見せたものが、その後の世界にとっての指針になるだろうという期待の方が大きい。万博とは理想を語る場なのだから。

今、人間は相当、疲れてきている。ぼんやりする時間もなく、24時間スマートフォンに付き合わされ、何かにずっと追われている。今後はそれがもっと加速し、全域化していくだろう。そんなすべてが記号化され、データ化された空間の中で、いかに人間らしく生きるのか。その処方箋を次の大阪万博では示すべきだと思う。

2025年の大阪万博の舞台は、夢洲という埋め立て地だ。この典型的な「非・場所」の会場が、その後、エイジングしていくような仕掛けや空間設計ができると面白いのかもしれない。例えば、小さいパビリオンが屋台のように引っ越しできるようにして、エキスポ2025のレガシーをペルーの山中やパリ、ニューヨークなど世界中に散らばらせる。そして30年、40年後、それらが本当のレガシーとしてのひとつの場所性を獲得する。そんな歴史的なつながりや記憶を獲得するためのアイデアが必要になるだろう。

Profile

1960年生まれ。文明論的テーマをもちつつ、制作・研究・出版・展覧会など幅広い活動を続けている。著書・写真集に『芸術回帰論』『掌の縄文』『革命のつくり方』など多数。最新刊に『風景論——変貌する地球と日本の記憶』(中央公論新社)。あいちトリエンナーレ2016では芸術監督を務めた。多摩美術大学情報デザイン学科教授。

商
あきなう

街の空間価値創造
地方創生
儲かる空間
にぎわいの創出
事業創造支援
シェアリング・エコノミー

Interview｜商

重なり始めた
商・住・働空間

堀 健一
Hori Kenichi

Profile
1997年三菱総合研究所入社。街づくり、国土政策にかかる国・地方公共団体の調査研究、鉄道会社、デベロッパーなど民間企業へのコンサルティングに従事。2018年10月より現職。人生100年時代に向けた全世代・全員活躍まちづくり、働き方改革・全世代型社会保障改革、関係人口などのテーマに取り組む。現在、地域創生事業本部プラチナコミュニティグループリーダー。

変わる東京の都市開発

鉄道会社による都市開発などを支援してきた立場から言うと、近年、東京の街のあり方は大きく変化してきたように思う。例えば、開発が著しい丸の内や渋谷、二子玉川。駅前に高層建築が建ったことはわかりやすい変化だが、加えて、そこには大企業だけではないさまざまなスタートアップが集積し、それらの企業と大企業とが協働で新しいモノを生み出すような活動が芽生えつつある。都市開発を手掛けるデベロッパー側にもそうした動きを促進しようとする姿勢が見られる。従来のようにオフィスや商業空間だけを開発するのではなく、新たな産業創出を重視し始めているのだ。特に渋谷や丸の内といった東京の再開発エリアでは、いろいろな企業が集まるコワーキングやスタートアップ支援といったものに空間やエネルギーを注ぎ、そこでイノベーションをどう生み出すかという話がさかんにされている。箱だけでなく、その場での活動や活躍をどう支援するかという方向にデベロッパーの考えが変わってきているのだ。

一方、二子玉川では、都心まで通わなくても働けるように、働く場と住む場が共存する形で再開発が進んでいる。「働」と「住」の環境が近い方が活躍できる人も多いからだ。二子玉川にはさまざまな商業施設が用意されているが、そこを行き交う人は従来とは全く違う。以前、郊外在住の人の多くは、渋谷まで買い物に出ていたけれど、今は二子玉川に住み、そこで働き、そこで消費する人が増えている。そういう開発の仕方に変化してきた。

住空間と事業空間を重ね合わせる

こうした傾向は企業活動にも見られる。リビングラボという言葉があるように、住んだり

働いたりしている人の近くでものづくり・ビジネス構想に取り組むところが増えてきているのだ。

例えば、横浜・みなとみらいに資生堂がつくったグローバルイノベーションセンター。そこは研究施設だが、1階と2階は誰でも訪れることができ、食事をしたり商品を試したり、パーソナライズ化粧品をつくることもできる。そういう形で顧客と交流し、研究開発につなげている。

あるいは、田園都市線の開発当初から住んでいる人たちが多い、たまプラーザ。そこでは住民がシニアとなり、これからの人生100年時代をどう生きていくのか考える時期を迎えている。そのなかで、シニア向けの生活サービスや場づくりを含めた同地の再開発について、横浜市と東急電鉄が協定を結び、住民参加のワークショップを開いて検討を進めている。

このように、住まう空間と事業開発の空間とを重ね合わせることで、新しいことをしようという考え方が現れてきたのだ。

関係人口という人材シェアリング

他方、地方はというと地域により事情が異なるため、一概に言うことは難しい。ただ、どの地域においても、そこでしか得られない体験やモノを探し出して、資源や価値にしていけるかどうかが、地方創生の鍵となっている。

そのためには、地域外の人たちの気付きや力を地域づくりにいかすことも重要だ。例えば、今、総務省などでは関係人口を増やすための取り組みを始めている。関係人口とは、その地域に思い入れや愛着をもっていて、住んではいないが年に数回訪れては、地域の人たちと関わるような人のことを言う。具体的には、もともと住んでいた人やそこに親戚がいる人、観光や趣味で訪れて気に入り、何度か足を運ぶうちに地域の人と仲良くなったというケースなどが考えられる。

結局、都心から人口の少ない地方へ移住してもらうにはハードルが高く、観光客を誘致してお金を得られたとしても、地域の困りごとはお金だけでは解決できないということがわかってきたからだ。人もいない、アイデアもない、お金もない、あるいはお金があってもそれを次にいかす発想や方法がない。そこでその地域に少しでも思い入れのある地域外の人たちに時々来てもらったり、SNSなどを介して地域の人と交流したりすることで関係性を育み、次の展開を生み出そうという人材シェアリングが広まりつつあるのだ。

関係性をつくり直す

今、少子高齢化による人口減少や人手不足などで、企業や社会と人との関係性を改めてつくることが求められている。子育てや介護と仕事の両立、女性やシニアの活躍など、さまざまな場所的・時間的制約を抱える人たちが活躍できるような仕組みを必要としている。地方でも、そういう多様な人々が活躍できる場をつくることができれば、まだまだ伸びしろはあるだろう。

例えば、関係人口として都会から来た人や地元の高齢者、中・高校生に地域のコミュニティ活動に関わってもらう。そういう場づくりに、中・高校生に参加してもらい、愛着をもってもらうことで、将来都心に出て行ったとしても、いつか帰ってきて、そこで何か起業するという未来が描けるかもしれない。

そう考えると、これから人々が人生を通して関わる空間は、商業施設にしても公共施設にしても、愛着を感じられ、長く付き合い続けられる場所かどうかが重要になるだろう。

商 | 律

個と群と律

野老朝雄
Tokolo Asao

「紋と紋様の制作」を活動の中心においており、その作図過程において基本的に幾何学を判断基準にしている。手を動かし作図する中で「動かしようのないものの存在」に出会うことがある。それが数学的な摂理や定理というものであろう。黄金律、フィボナッチ定数、ペンローズタイリングなどなど、先人の見出した摂理や偉大な法則にはただただひれ伏す思いである。

それと同時に、数学的な摂理に従ってさえいれば、必ず美しいものができるとは限らない、とも考えている。美を求め、美を奏でるために自ら課すルールがあり、それを私は「律」と呼んでいる。水玉紋様も始まりはひとつのドット「個」であり、複数集まると「群」となる。そこに「律」が存在することで初めて、秩序を伴った水玉紋様が現れる。「律」が存在する紋様や立体構造に、私は心地良さと美を模索し続けている。

TIERSのための
ファサードアートワーク

PARALLEL/WOVEN

荒川技研工業のショールーム機能を有する店舗「TIERS」のファサードであることから、メイン商品であるワイヤーを用いることを第一に考えた。直線で強さを感じさせる表現でありながら、直径3mmのワイヤーは光を充分に室内へ運び、一定の法則により張られたワイヤーカーテンは、見る角度によって繊細な表情の移り変わりを体感できる。

TIERS｜東京 渋谷｜2017年9月｜田邊曜建築設計事務所（設計）
ファサードアートワーク｜撮影：木村 直

1｜内部と外部の緩やかな区別
設計者は「ファサードにより、緩やかに街と連続する空間をつくりだす」をコンセプトとしており、極力シンプルな構造で内部と外部の境界線を「緩やか」に区別することを意識した。

2｜下面設置部分
下面は板状のステンレスの下地にワイヤーグリップを取り付け、ワイヤーを固定する。

3｜上面設置部分
上面はコンクリートに切り出したステンレスの下地を埋め込み、ワイヤーグリップでワイヤーを固定する。

4

ELEVATION　　SIDE ELEVATION

PERSPECTIVE

PLAN

CONCEPT SHEET
[PARALLEL WOVEN] TYPE - A

TOKOLOCOM

リアル×バーチャル
100年後につくりたい空間は？

DOME IN DESERT

例えば、中近東の砂漠のど真ん中の「スキー場」と「Wavegarden（ウェーブガーデン）」など、自然界では対極にある、ありえない景色。建築や科学技術は、いったんは極致を目指す。子どものころ、誰しもが思い描いていたような閉じた未来都市が、100年後には実現できているのではないだろうか。もしくはそれらは既に廃墟となっているかもしれない。

4 | CADによる概念図
模型による検証と同時に、CADによる概念図によりイメージを確認し、1/1のモックアップに向けて数値・密度を模索していく。

5 | スチレンボードとゴム紐による検証モデル
身近にある素材で模型を制作し、線の長さや間隔など、美しく見えるバランスを模索する。

6 | モックアップ撮影風景
実際と同じワイヤーで制作したモックアップにより、初めて素材が生み出す表情を体感できる。撮影して見え方を確認。

7 | 1/1モックアップ
上下の下地を鉄板にして制作した原寸大のモックアップ。配置するワイヤーの距離、ワイヤーの太さ、テンションなどを確認。

DOME

SEA　　SNOW MOUNTAIN

DESERT

013

商 | 青

Out of the Blue

山崎みどり
Yamazaki Midori

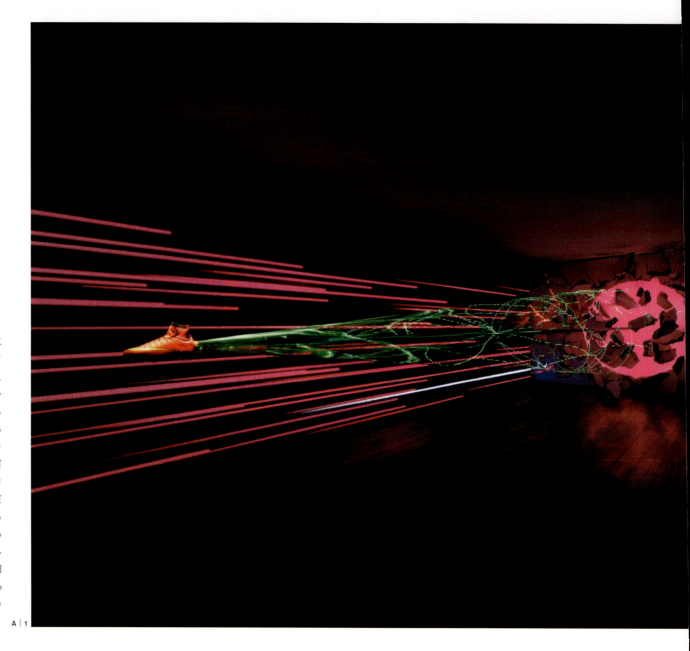

ブランドに対して空間をデザインする場合、まず商品を最大限素敵だと感じてもらうにはどうしたらよいかを考える。またクリエイティブディレクションをするときには、例えば「Memorable」「Innovative」といったシンプルなコンセプトを設定し、都度それに沿っているか否かを確認してその理由を伝えることにしている。そうすると完成イメージをチームで共有・統一でき、個々でも判断が可能なので全体の完成度を高めることができる。また見た人の記憶に残るためには、まだ見たことがない表現が有効だ。つまりやったことがないことを実行するリスクを取る必要があるので、日ごろからアイデアを試したり、各分野の専門家と実現可能性を確認したりして、予想していなかった！(Out of the Blue!)と言ってもらえる表現をつくり出そうとしている。

A | 1

B | 2

C | 3

C. NIKE COURT at THE POOL AOYAMA

予期せぬテニス空間が
浮かび上がる

過去プールだった場所を改装
した「THE POOL AOYAMA」に
テニスプロダクト空間を制作。
テニスの要素を使った予期し
ない表現を空間に構築。

東京 青山 | 2014 年 8 月
山崎みどり
(NIKE Brand Design)
リテール空間デザイン
撮影：河田弘樹

D. NikeLab x sacai SHOWROOM

異なる要素の組み合わせ
による新しい表現

ドレーピングという布を使った
装飾技法を使い、動く布と光を
使って女性の動きの美しさを
表現。商品のコンセプトと同様
に異なる要素の組み合わせに
よって新しい表現を創造。

東京 原宿 | 2015 年 3 月
山崎みどり (NIKE Brand Design)
クリエイティブアート
撮影：皆川 聡

D | 4

A. NIKE INNOVATION HOUSE

プロダクトヒーローのシームレスメディアコミュニケーション

グラフィック、動画、デジタルインスタレーション、それらを起動でき
る携帯アプリゲームなど、さまざまなメディアをシームレスに組み合わ
せたワールドカッププロダクトの最新テクノロジー体験。

東京 原宿 | 2015 年 6 月 | 山崎みどり (NIKE Brand Design)
クリエイティブアート | 撮影：工藤彬歳

B. BMW 5 SERIES EVENT INSTALLATION

さまざまな手法を連動させ、車体の美しさを引き出す

連動させた映像・照明・音楽、そして回転するミラー面の造作を車体
に反射させ、車体の美しさを引き出したインスタレーション。

東京 天王洲 | 2017 年 1 月 | 山崎みどり・WOW
クリエイティブアート | 撮影：皆川 聡

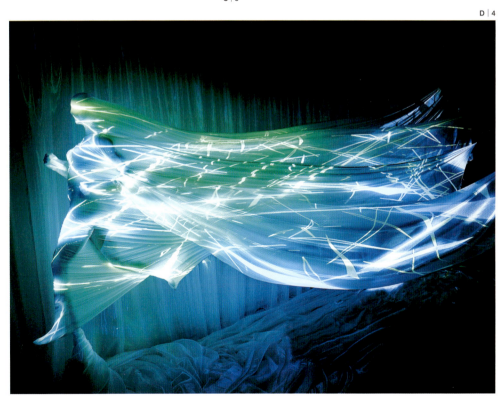

1 | ストーリーテリング
高速で壁を突き破り飛び込んでくるフッ
トボールのスパイクを表現するために、
放射線状に張った糸に動きのある効果
線の動画を照射し、商品のストーリー
を表現。

2 | 可動式ミラー壁面
左右向かい合わせに設置した可動
式のミラー壁面は音楽・映像に合
わせて回転し、さらに車体と反射
し合って、商品を表現する空間を
奥行きのある無限の空間に拡張。

3 | 非日常の異空間を表現
テニスコートの白いラインやボールを
分解して浮遊させたり、テニスネットを
巻いてディスプレイ台とするなど既成
概念を改めて意識させる表現に注力。

4 | 女性的な躍動感
商品が女性の動きにともなって翻
るさまを、布を人型に巻き付け表
現。男性的になりがちな動きの表
現を、女性的な躍動感として昇華。

015

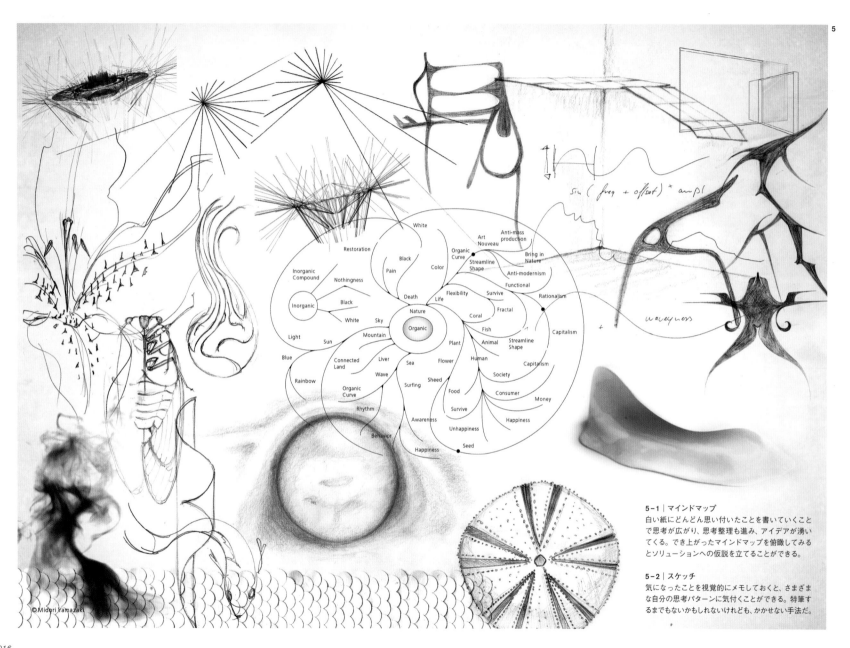

5-1 | マインドマップ
白い紙にどんどん思い付いたことを書いていくことで思考が広がり、思考整理も進み、アイデアが湧いてくる。でき上がったマインドマップを俯瞰してみるとソリューションへの仮説を立てることができる。

5-2 | スケッチ
気になったことを視覚的にメモしておくと、さまざまな自分の思考パターンに気付くことができる。特筆するまでもないかもしれないけれども、かかせない手法だ。

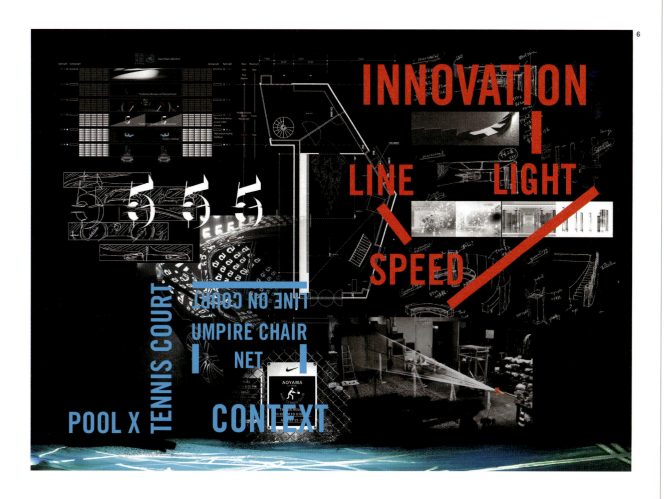

まだ見たことのないオリジナルをつくるのは誰にとっても簡単ではないと思うけれども、それを導くために活用できるフレームワークもあるので、その一部を紹介する。大きく分けると問題の定義・リサーチ・デザインアイデアのテスト・ロンチ及び考察といった4つのステージがあり、このプロセスを経ることで化学実験と同じように、必然性のあるデザインが生成される。また、各ステージを進めていくためには、スケッチや、マインドマップ、コンセプト、そして実験的制作も有効だ。流れが早いビジネスの中でこれらを忠実に実行していく環境をつくることは難しいけれども、少なくとも自分が現在どのステージにいるのかをいつも意識して、必要なときに必要な情報やアイデアを取り出せるように準備している。

6-1 | コンセプト
シンプルなコンセプトを設定することは、アイデアを広げるのにも絞り込むのにも有効だ。ソリューションと直結する的確なコンセプトは、チームの共通認識を統一し、最終のアウトプットの精度を高める。

6-2 | 実験的制作
思い付いたアイデアを信じてその実行条件を考え、実験的な制作をしていくと、不思議と実際の形になっていく。プロセスとしてステップ式に行い気付きを大切にすることが重要。

リアル×バーチャル
100年後につくりたい空間は？

Nature Archive

地球、という空間をもうひとつ、つくってみたい。趣味でサーフィンをしていて、世界各国の自然の事象に触れる機会が多いため、ブルーグリーンに光るパーフェクトな形の波や、天気雨の雲の間から差し込む光、暑かった日のピンク色の夕焼けなど、その日その時しか見られない自然の事象をアーカイブできるパラレルワールドをつくることができたらいいなあと思っている。

©Midori Yamazaki

商｜捜

捜→遭→想→創の
Fugue

森田雅美
Morita Masami

TOMOKO KODERA CONCEPT SHOP

美しい謎、Zero Gravity

アジア人初、ダイヤモンドジュエリーアワードのトップを飾ったTOMOKO KODERAのコンセプトショップ。彼女のクリエイションの原点、既成概念の優雅な破壊である「ダイヤが指間を浮遊するリング」をキーイメージに、無重力空間に吹き上がるエネルギーが、ダイヤの輝きとして結晶化する店舗をデザインした。

東京 南青山｜2016年3月｜乃村工藝社｜ショップデザイン
撮影：ナカサ＆パートナーズ

捜→遭→想→創という4つのSOU。捜索から可視化やビルドへの流れは、ひとつの道筋ではなく、ネットワーク状の運動として機能している。その主なエネルギー源は「美への希求」と「対話」。目指すのは美しい「Fugue」。「想」で行う発明、「創」でビルドする具現化のヒント。効果的なリソースに遭遇する旅から運動は始まる。「情報→記憶」「表現→言葉」「技術→科学」。3軸の各カテゴリーを、睡眠時の取捨選択から夢としての再構築まで活用し、24時間捜索し続ける。魅力的なリソースは、初期、茫漠と散在している。同時並行のJOBがもたらすSOUの連鎖や、思考のネットワーク化。顧客、チーム、プロフェッショナル、メンター、そして自身との対話。外部刺激を活用し選択と奥行を加え、リソースを主旋律と対旋律に成長させていく。埋没している「正」を彫り起こす力、「探」ではなく「捜」と、とらえる力がコンセプチュアルなプロセスの説明にフィットすると考えたが……。対位法だけではなく、和声法もある。「解」を得る方法はひとつではなく、かつ、常に変化・進化している。

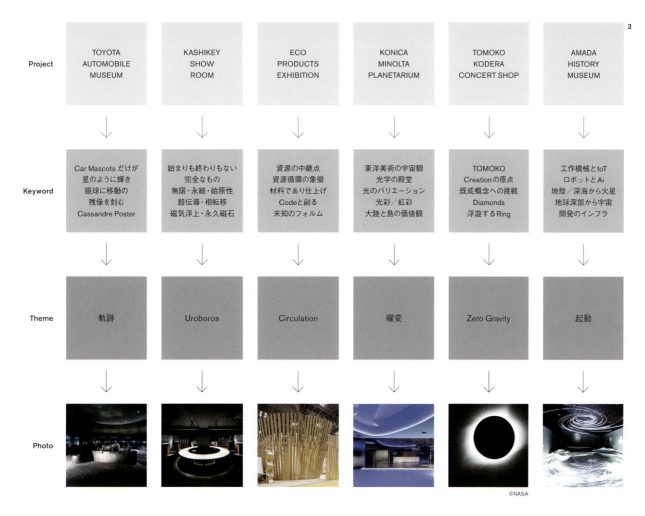

Project	TOYOTA AUTOMOBILE MUSEUM	KASHIKEY SHOW ROOM	ECO PRODUCTS EXHIBITION	KONICA MINOLTA PLANETARIUM	TOMOKO KODERA CONCERT SHOP	AMADA HISTORY MUSEUM
Keyword	Car Mascotsだけが星のように輝き眼球に移動の残像を刻むCassandre Poster	始まりも終わりもない完全なもの無限・永続・始原性超伝導・相転移磁気浮上・永久磁石	資源の中継点資源循環の象徴材料であり仕上げCodeと創る未知のフォルム	東洋美術の宇宙観光学の殿堂光のバリエーション光彩／虹彩大陸と島の価値観	TOMOKO Creationの原点既成概念への挑戦Diamonds浮遊するRing	工作機械とIoTロボットとAi地殻／深海から火星地球深部から宇宙開発のインフラ
Theme	軌跡	Uroboros	Circulation	曜変	Zero Gravity	起動
Photo						©NASA

1｜空間を支えるテクノロジーとシミュレーション
アルゴリズムを活用し配置された鉄管、ハンドワーク・グラデーション塗装、示具を可変にする磁力、特異形状を効率的に生成する3Dプリント、医療器具を応用したファイヤを産むオリジナル照明。

2｜Design to Stop the Time
吹き上がるコロナとエネルギーの結晶であるダイヤモンド。「刻を止めたデザイン」の象徴性を高めるために、ブランドカラーである白と黒のみで墨絵的な宇宙空間を創出し、輝きを浮かべた。

3｜Rendez-Vous History
版権処理の関係で、半世紀にわたる「理想体験創造へのインスピレーション・アーカイブ」つまり、各案件で活用した「視覚野の記憶の宮殿」をこの場でビジュアル表現することはできない。捜索後、最初に生まれるのは容積をもった体感イメージであり、それを他者と共有するための可視化をビジュアル／モデル／映像／言語というツールで行っている。
時間もコストも熟練者のサポートも必要になり、常に、頭に刺したコードから直接アウトプットできる効率化やアーカイブを充実させる自身の脳のサイバネティクス化を望んでいる。
三次元ビルド自体は、幼少期にブロックで延々と作成し続けた「インディビジュアルな階段体験が可能な空間シミュレーション」が原点であり、パートナーでもあるプロの手を借り、その時代の体験者のスケールに合わせ、その時代の耐久性のあるマテリアル／メディアでの表現にアップデートしているだけである。インスピレーションのランデブーは、さまざまな制約から自由であることが大切だと考えている。

リアル×バーチャル
100年後につくりたい空間は？

Genesis

このクエスチョンに懐疑的なスタンスを取るのは、不可逆的なテクノロジーの進化の中で、課題実行時の生物と無生物の比率がイメージできないことによる。身体がある、寿命がある、人類としての機能の残存が条件で空間はビルドされる。消滅への恐怖、死への畏れ、という概念は存続しているのか？ 人類という概念が成り立っているのか？ スペースデザインという言語の齟齬がなくなる時代。ミクロ…どのような人間／能力／外観で生きたいのかというフィジカルファンクションデザイン。マクロ…どのような世界／宇宙で生きたいのかというインストゥルメンタルデザイン。タイム…どのような時間を生きたいのかというタイムマネジメントデザイン。Genesisは創造主の視点で世界を織り上げるシステム、Transhumanismの殿堂。そこでつくられる宇宙は多様性に満ちたもの。ときに喜ばしいもの、ベルニーニ・運慶の彫刻、ファベルジェのイースターエッグ、ハギアソフィアのモザイクピースのような世界。ときにスマートなもの、汝窯／哥窯の青磁、光悦の茶碗、クライバーの指揮のような世界。ときに圧倒的なもの、永徳の唐獅子図屏風、システィーナ礼拝堂のミケランジェロ、デティフォスのような世界。ときにたおやかなもの、フリッチャイのモルダウ、雪中の白梅、抱一の夏秋草図屏風のような世界。点であり、面であり、空間。原始であり未来。個であり全。達磨にとっての岩窟、利休にとっての待庵。刻の流れの延長でイメージした、その時代の最適解。

商 | 喚

感覚を喚起する

吉泉 聡
Yoshiizumi Satoshi

空間を含め、何かをデザインするときには、その受け手の存在がある。その受け手に何を伝え、どんな価値をもたらすか？ これが出発点であり重要だ。伝えるとはどういうことだろうか？ 価値とはどのように生まれてくるのだろうか？ 改めて想いを馳せたいと考えている。

伝え手、受け手といった一方通行の関係ではなく、受け手の感覚を喚起するデザイン。それは、感覚を喚起されることで、受け手自身に、想像力を働かす余地のあるデザイン。そんな対話こそが、その空間や物事がもつ意味を、より一層強く意味付けるはずだ。

「Visible Motion」という作品では、自動車の先進技術を伝える上で、あえて自動車の存在をなくした。自動車の「美しい動き」だけを表出させることで、受け手側の感覚を喚起する、素材のようなインスタレーションである。

完成し、与えることで終わるデザインではなく、受け手側の感覚を喚起し、共鳴することを目的とするデザイン。そんな、物事を素材化するようなデザインを、空間に関わらず表現していきたい。

Visible Motion

気配をデザインする

特殊な流体が張られた大きな水盤に、タイヤの接地面が立体的に現れ、優美な弧を描き、壮快に走り去り、動きの軌跡だけが表現されるインスタレーション。先進的な自動車技術を、その技術がつくり出す「美しい動き」だけで表現。アイシン精機が目指す人とモビリティーとの新しい関係性を気配として強く印象付ける。

イタリア ミラノ｜2017年4月｜TAKT PROJECT
インスタレーションデザイン｜撮影：大木大輔

1｜走り抜ける、気配の表現
原寸サイズで表現されたタイヤの設置痕が走り抜けていく。それはまさに、目の前を自動車が走り抜けたかのような気配の表現であり、アイシン精機がつくり出す美しい動きとの遭遇である。

2｜実車は見せず、動きを表現
気配としての美しい自動車の動きが、来場者に人とモビリティーとの新しい関係性を強く印象付ける。車の姿を実車としてあえて見せないことで、アイシン精機が本質的につくり出している動きのみを端的に表現している。

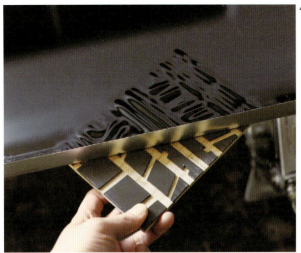

3 | 立体的に現れるタイヤの設置痕
浮かび上がる4つのタイヤの設置痕。自動車としての動きが伴うことで、単なる設置痕から、あたかもそこに自動車がいるような感覚を喚起する。それは、受け手の感覚に作用する最小にして最大限のきっかけである。

4 | パラメーターの試行錯誤
タイヤの設置痕を磁石と特殊な液体で表現するために、さまざまな実験を行なった。磁石の強さと、タイヤパターンの吟味、また水盤との距離感など、さまざまなパラメーターを試行錯誤し、最適な表現を見つけ出していく。

5 | 水盤設計の精度を追求
大きな水盤に、磁石に反応する特殊な液体を満たす。平均水深2mmを4m×7.5mという大きな水盤上で実現するために、高い精度をもった水盤設計がなされている。建築構造設計家との協働作業である。

6 | ロボティクスによる表現
設置面の動きは、磁石を乗せたロボットが実際に動くことで表現している。水盤下に、4つのタイヤの設置面を、4台のロボットがそれぞれ担っている。ロボティクスにより実現するインスタレーション。

リアル×バーチャル
100年後につくりたい空間は？

天気のように

突然雨が降り出したり、心地良い風が通り抜けたり、温かな日差しが差し込んだり……。天気とは、ときに不便な状況も生むが、それを上回る身体的な心地良さを与えてくれる。人間がデザインし、計画的につくり出すものに、果たしてそのような心地良さが存在し得ているだろうか？　制御され尽くした環境ではなく、そんな天気のように予測不能で、一瞬も同じ時がない環境・空間。100年後のテクノロジーを、そんなことを志向するものとしてとらえたい。

021

商|和

異なる価値を
融合すること

堀 景祐
Hori Keisuke

資生堂銀座ビル「EXPERIENCE A NEW ENERGY」

感覚に働き掛け、自分の可能性を目覚めさせる

色や形、音が変化するインタラクティブなアートワークに触れてもらうことで、肌の感覚を呼び覚ます「SHISEIDOエッセンシャルイネルジャ」の機能性を伝えることを目的としており、来場者の感覚が高まった最後のクライマックスに、商品体験の場を配置することで、より深い商品体験を構築。

東京 銀座｜2017年11月〜12月｜資生堂チーム101、WOW、博展 インスタレーション｜撮影：見学友宙

1 | Encounter with products
光の変化と共にプロダクトが浮かび上がる。

2 | NEURO_SURGE
肌内部の神経伝達を表現した、高さ約9mに及ぶ、新素材ファイバーを使った光の表情が変化するモニュメント。

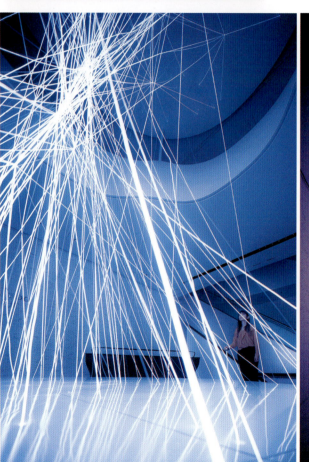
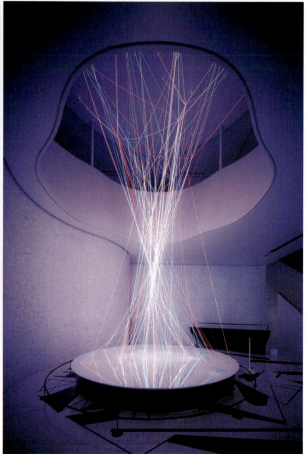

「和える」ことは、日本の食文化としてよく伝えられている。性質の違うものが一緒に溶け合う様のことを意味するが「空間」もまさにそれに当てはまる。
空間には物質的なモノと非物質的なコトがあるが、それらが高度に融合したとき、人は食するように美味しい空間だと認識する。
そんな空間では常に心地良さと少しの緊張感が同居していて、何かつくり手の体温のようなものを感じる。
「EXPERIENCE A NEW ENERGY」では、商品に出会う「一期一会」の緊張感と、触れることによって変化する光のオブジェやインタラクティブウォールによって心地良い「触れる体験」を用意し、来場者を誘った。
和える、食文化にも象徴されるようにお客さまが「丁度良い」と感じる空間を目指したい。

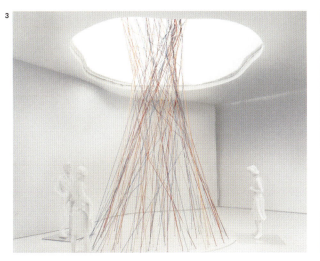
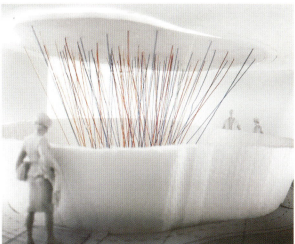

リアル×バーチャル
100年後につくりたい空間は？

Beyond Beauty

100年後の朝を想像してみる。
現在は目、口、頬、それぞれ別の道具を使って、顔に色を付ける。慌ただしい朝。100年後には「変身マスク」を顔に付けるだけで数秒で変身できる。マスクは付けるとすぐに顔に馴染み、本来の自分の肌と見分けが付かないほど、ぴったりとフィット。マスクにはメイクが施されており、マスクひとつでフルメイクが完了する。
TPOや気分に合わせ、老け顔メイク、お子さま顔メイク、性別を越えるメイク、動物的なメイクなど、コスプレが日常的に。
顔のパーツひとつ一つに色を付ける、人類はこの煩わしさから解放さる。そんな「変身願望」が満たされる未来の生活空間があるかもしれない。

3 | 模型検証
1階のエントランスから2階吹き抜けを貫通するため、来場者からどう見えるか、模型を使って検証した。

4 | 肌と神経伝達
触れることで神経伝達を表現しようと考えた最初のスケッチ。

5・6 | 素材検証
特殊なファイバーを使うことで、光のつながりを実現。

7 | 構造検証
9mにも及ぶファイバーを、どう荷重を分散させながら自立させるかの構造シミュレーション。1kgの荷重がかかるとファイバーは断線してしまう。

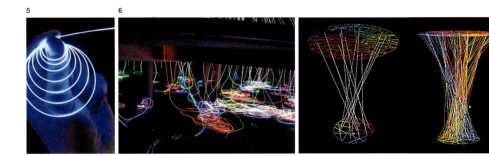

商｜吟

感覚を吟味し、美しく吟じる

佐藤寧子
Sato Yasuko

感動とは、感が動くことだと思う。ウインドウを見て3秒で五感が動くことを考えている。さまざまな人の記憶の中にある、味覚や香り、手触り、響きといった感覚、懐かしさや愛情といった感情を動かすような視覚表現とは何かを考える。次に人の生活の中に存在する具体的なモチーフやシーンを思い浮かべる。自らの五感で注意深く吟味し、連想も含め、隈なく言葉で列挙する。しかし、それだけでは感が動くような関心には至らない。気にとめるきっかけとなる「違和感」を日常の風景の中に創造するのだ。感じ方をシミュレーションするチャートや、言葉を書いた紙の無作為なマッチング、また、素材やモチーフそのものを観察し、新たな視点を発見する。それに、コンセプトやメッセージに相応しい、対比、強調、連想、ドラマ、ストーリーなどの手法を当てがい「思ってもみない非日常」をつくり出す。その違和感は、あくまで視覚的に美しく、かわいらしく、ときにユーモラスに、好ましい姿に表現する。その背後に、空間表現の本意を置き、滲み出すように吟じる。

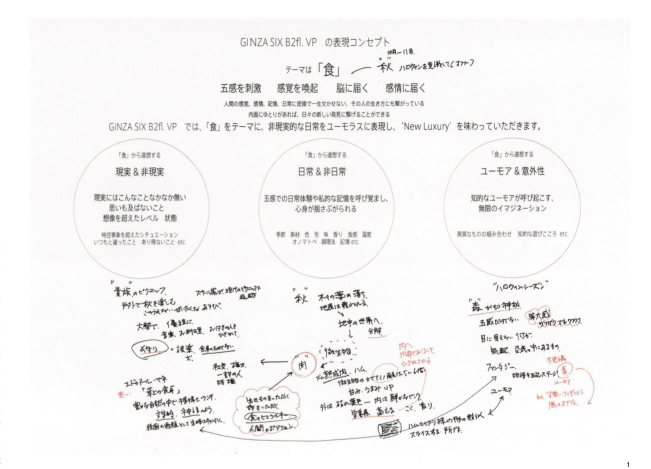

1

2

GINZA SIX B2階ウインドウ Taste of New Luxury

食を通して世界が次に望む豊かさの価値を提案

食は、味覚を含む五感や、食事のシチュエーションなどの感情や記憶とも密接であり、日常の食事から、生きる意味にまで意識を向けられることから、開業時のスローガン「Where Luxury Begins 世界が次に望むものを」という問いに、食を通して新たな豊かさの価値観を提案する可能性を探ることに行き着いた。

東京 銀座｜2017年10月（作品A）、2018年7月（作品B）
息吹工藝社、椿や、プランクス｜ウインドウデザイン｜撮影：プランクス

1｜イメージの断片を言葉に
各回の表現は、プロジェクト発足時のディレクションを下敷きに立案する。思い付くまま浮かんだイメージの断片を言葉にする。

2｜小型の開口
フルハイトだった2面のウインドウを、フォークとスプーンのフレームで小型の開口にハウジング。

GINZA SIX B2階 ウインドウ 2017 Autumn

The Taste of Blessing

秋に際し、大地や切り株から切り出されるハムを、自然の内部で熟成される恵みの象徴として、また、貴族のフィギュリンを、食のヒエラルキーの頂点で豊かさを享受する人間として寓話表現した。

東京 銀座｜2017年10月
GINZA SIX リテールマネジメント、
息吹工藝社、椿や、
プランクス
ウインドウデザイン
撮影：プランクス

3｜食の所作を表現
フォークで地表をめくる、ナイフで樹をスライスする、食の所作をそれぞれに構成。

8｜方向性と独自性
設定した顧客の価値観を満たすための表現へと方向性を絞り、独自性を生み出す。

4｜言葉からの着想をビジュアルにする
全体のコンセプト立案時にブレストで出たモチーフ案「肉」と、「フォークとナイフで切る」所作案とをダイレクトにパースにする。

5｜不気味な印象を課題に、緩和案を検討
戸外での貴族のピクニックを場面設定し検討。闇を背景に、肉をめくった場所で人間が遊ぶドラマが過度に奇怪なので提案から外す。

6｜再起用の機会到来、テーマと構成を推敲
奇怪な遊び心が許容されるハロウィンを含む秋の案として再検討。秋の実りをハムの熟成に見立て、グラフィカルに構成。

7｜リアリティとひねりのさじ加減を検討
非現実的過ぎて、本来のメッセージを凌駕してしまわないバランス、「少し不自然」な程度の新風景を探り出すシミュレーション。

025

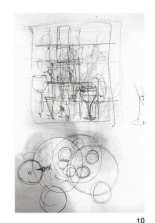

**GINZA SIX B2階
ウインドウ 2018 Summer**

The Taste of Color

夏に際し、ウインドウ内で果実や野菜でリキュールやピクルスを熟成させ、得られる多彩な色彩を、色の変化も含め空間表現した。動く水飲み鳥や、グラスのレンズ効果で視覚的な遊びを加えた。

東京 銀座｜2018年7月
GINZA SIX リテールマネジメント、
息吹工藝社、椿や、プランクス
ウインドウデザイン
撮影：プランクス

9｜完成した空間表現
本物の水や酒や酢だから可能な、液体特有の美しさや科学のマジック、人為と自然が協働した作品。

10｜アイデアを導くスケッチ
シンプルな壁面の構成に対し、レンズ効果を狙い、手前のガラス花器を立体的に構成するという素案。

11｜モチーフの実施計画
水の乾燥を利用した玩具は動作や機構を確認。展開中のメンテナンス計画を立案し定期的に実行。

12｜実制作前の実験と計画
果実酒を先行制作し、色の抽出加減や変化の経過観察。果物の店頭販売状況をリサーチし計画を立案。

13｜オフィスでの制作風景
瓶を煮沸し、酒や酢と砂糖を加え、実際と同様の方法で果実のリキュールと野菜のピクルスをつくる。

12

13

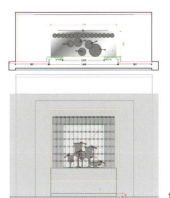

14

15

14 | 基本図面での演出計画
支持体を見せない設置方法、瓶の形状と展開構成数、床のミラーへの反射が得られる設置深度、照明を検討。

15 | スタジオでの仮組み
完成した瓶詰めをレイアウトし、配色により位置を決定。設営の段取りと、玩具類の最終の動作を確認。

リアル×バーチャル
100年後につくりたい空間は？

Life Hymn

もはやショッピングに場所も時間も要さなくなっている。100年後、ものと街が残ったと仮定し、ものと人の接点となる空間があったとしたら、やはり共感を生む場所であって欲しい。その空間では、未来の手段で、太古から受け継がれる普遍的な野生の感覚を、退化しないようにありありと覚醒し、都市の中で、ものと人、つまり物質と生命が関わり合うことのできるリアリティを賛歌できるような空間をつくりたい。

商｜想

人を想い、空想にひたり、
理想を妄想する

青野恵太
Aono Keita

私たち空間デザイナーが創造するものに
人が介在しないものはないように思う。
そこに登場する人の喜びや悲しみ、
怒りといった感情に想いを馳せ、
終わりのない空想を巡らせる。
日々その空想の中で理想と思われるものを
妄想しては打ち消し、
また新たな理想を妄想する。
その思考の繰り返しの中で
想像が創造へと転換される。

SHISEIDO THE STORE
フラッグシップとは？

「日本の資生堂」・「世界の資生堂」をどう表現していくのか。そしてその価値は何なのか。多くの問いに対して私たちデザイナーが示せる答えはひとつのリアル空間でしかない。そのために「伝統という名の歴史」と「革新という名の未来」という無形物を結び合わせながら有形化していき、シンプルな答えを探った。その答えが資生堂の象徴である椿マークの多様な表現である。同じマークを数多くの手法で有形化することでシンプルでありながらも単一化されないものとしている。それはまさにフラッグシップに求められる、人種や性別・年齢に関係なく理解されるための最適な手法ではないかと考えたからである。

東京 銀座｜2018年1月｜乃村工藝社 onndo
ショップデザイン｜撮影：太田拓実

1｜ファサード
ストリングスカーテンに花椿マークのパターンを淡路結びで表現。ストリングスカーテンという現代のものに淡路結びという伝統的手法で結び目を入れることで歴史と未来を表現している。

2｜1階フロア
アイシャドウを使用したタイル、コットンの和紙、マニキュアを塗ったアートワークなど、化粧品の仕上げを使用。伝統的な椿マークを現代的手法で表現。

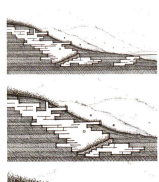

リアル×バーチャル
100年後につくりたい空間は?

パーマネント・ワールド

現代では我々がつくる空間はどうしても人工的なものになってしまう。100年後は私たちが暮らす空間も地球の構造に負荷を掛けないようなものであってほしい。例えば幾重にも重ねられた地層に人間の空間を寄り添わせることで、地球の構造と建築的構造を融合させ、有機的な空間を誕生させることができるのではないかと考える。人間が主役ではない空間であってほしい。

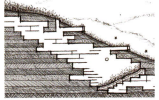

伝統と革新
歴史と未来の調和

3｜ディスプレイ棚
花椿マークから派生した形状のディスプレイ棚。中に置くものの、色合いや物量で空間全体の表情が変わるような仕掛けとしている。

4｜奥行感の表現
椿マークに奥行感を表し、過去と現在・未来を表現している。脈々と継承された歴史を形状で、現在をディスプレイ棚、未来を光壁で表現。

5｜シャンデリアの影による表現
シャンデリアの影によって浮かび上がる椿マーク。シャンデリアを現在・未来と見立て、浮かび上がる椿の花が過去・歴史を表現。

6｜1階から2階に上がる階段手摺
手の感触からも椿のマークを感じることができる。見えない過去や未来を手探りの中から導き出すような行動をこの手摺に込めている。

029

商 | 共

PHOTONが紡ぐ共創空間

長谷川眞理
Hasegawa Mari

PHOTON FAIR 2018
Meet up、展示空間の環境づくり

PHOTON FAIRは浜松ホトニクスが主宰し、地元で開催されるプライベートショーである。同社は光関連製品・技術の開発型企業であり、2018年の展示会では「浜松から未来へ」をテーマに中央にコミュニケーションゾーンを設け、お客さま共々リラックスして対話することにより、お互いの気づきを生み出し、新たな産業、市場創出を目指す。

浜松アクトシティ｜静岡 浜松
2018年11月｜フジヤ｜エキシビションデザイン
撮影：工藤オリジナルフォト

1｜初期ラフCG
イメージはほぼ同じだが、プレゼンテーションとの関係性が完成と異なる。

2｜モチーフはPHOTON
光線に含まれるPHOTON（フォトン）＝光の粒子をモチーフとして光技術の可能性と製品、技術、将来へのビジョンなどを感じさせる空間を展開。分野ごとの共創空間の環境づくりとしてフォトンをモチーフとし、コミュニケーションスペースをつくる。躍動する円環は「浜松から未来へ」のエピローグにつながる。

昨今、マッチングという言葉が聞かれるようになって久しい。異業種間または同業異分野でいかにコミュニケーションという化学変化の場をつくるか、それが今回のテーマである。来場者の情報収集空間とリラックススペースを融合させることにより、それを実現しようと試みた。

空間をデザインする際に、何をシンボライズして空間を設計していくかは重要なことだ。それは、その場の連続性を支配し、来場者の記憶に残る。B to Bビジネスショーの場合、夢見るお伽話の再現というわけにはいかない。しかし、主催側が空間に誇りをもつことができ、正確な情報が伝わることや、来場者にとって驚きがあり、居心地の良い空間であることは私たちの「応えるべきこと」であると思っている。そして何よりも、常設でも仮設空間でも、清潔感のある品性は大切にしていきたい。

3 | history ゾーン
過去の製品開発においての擬似本から発せられる先人の言葉はデジタルだが、実物と手書きノートの過去の力は強い。

4 | Industry1（学術展示）
コミュニケーションゾーンから、学術展示の空間を臨む。

5 | 光の粒の反復の実験
シアター光柱の検証。施工前素材、照明器具の選定。距離などの検証。

6 | 会場全体の考え方
暗より明へ。情報収集のための集中→コミュニケーションへの解放。

7 | 映像によるプレゼンテーション
大型映像で「企業ビジョン」と「光の可能性」を語る。写真は同社レーザー核融合実験チャンバ実写とレーザーを象徴するグリーンの光。（映像：ナルコーポレーション）

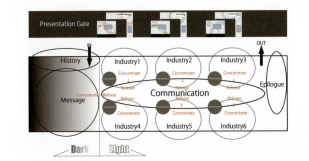

8 | Meet up 空間
シアターよりMeet up 空間を臨む。

リアル×バーチャル
100年後につくりたい空間は？

Virtual my own Neko-cafe
——あなたの猫カフェ——

猫に触れているとき、とても幸せだ。長い間猫と過ごしてきたが、亡くなってからは事情があり猫と一緒に暮らしていない。猫カフェも行ってみたが、猫にストレスが掛かるのではないかと落ち着かない。そこで、私がつくってみたいのは一人用のバーチャル猫カフェ。まずは猫の感触を楽しめるのが第一。眠れないとき、やけになっているとき、癒されたいとき。猫たちは泡沫のようにやってきて泡沫のように去る。バーチャル猫は別れの寂しさもなければ、ロボットのように壊れ、破棄されることもない。動物を飼うことができない高齢者施設のメンタルセラピーにぴったりだ。しかし、ここまで書いてきて少し寂しくなってきた。本来の命ある猫とバーチャル猫。しばらくは私の頭の中だけである。まずは50年後の青写真を目指して。

商｜感

街に語りかける窓

山田祐照
Yamada Hiroaki

私にとって空間は空感である。空間で表現することで情報を伝え、人の心を動かし感動を生む場所である。ショーウインドウは時代を映す鏡であり、リアルな体験や体感を生む媒体である。バーチャルな世界では絶対に表現できない空感がそこにある。ショーウインドウをつくるにあたり、その立地と行き交う人々を常に思い浮かべながらデザインをする。絵画のようなアートをテーマとし感動を分かち合える空間とした。絵本を読むように子どもから大人まで楽しく読み進んでもらえる工夫を凝らした。ディスプレイは料理人の世界に通じるものがあるといえる。ショーウインドウの器の中で料理を味わってもらう姿に似ている。しかもその料理には賞味期限がある。その時代、その瞬間に最高に輝いている空間を表現する場がショーウインドウといえる。

札幌駅・JRタワー ショーウインドウディスプレイ

訪れる人々を「もてなす場」

百貨店や企業のショーウインドウでは商品が主役で、いかにその魅力を伝える情景をつくるかが勝負だ。しかし札幌駅ビルJRタワーでは商品がなく、建物のアート空間として位置付けられている。訪れる人々をもてなす場として、年間を通じて四季折々の情景を映し出すことで空間活性化の役割を果たしている。

北海道 札幌｜2015年〜2017年｜乃村工藝社
ショーウインドウデザイン｜撮影：安我子寛人

1｜2年間のアーカイブ
ショーウインドウは年間を通じて計画が必要。ここでは2年の推移を掲示した。現状では並べてみることができないので、施工の実写真をコラージュした画像である。ひとつの季節とともに年間を通した物語を感じて欲しい。

2｜ファーストウインドウ
与えられた空間特性をいかし、最大限の効果をはかる。素材にこだわりクローズアップしたときの感動を高める。このウインドウのプロップは、すべてスポンジで構成してある。

3

5

4

4｜キースケッチ
夏のイメージはバーコードを変容させ波を表現する方向性を決定し、キースケッチを起こす。よりシンプルにスケッチすることで方向性がぶれないようにする。ここから物語を考え、各シーンのスケッチを完成させる。

3｜プレゼンテーション
映画のコマ割りのように連続してブラッシュアップされたパースによって、クライアントのイメージ訴求を行う。シナリオから映画ができるように、ショーウインドウが劇場となる。年間を通じた物語の最初のステージの幕があがる。

5｜現場作業
ショーウインドウの施工は時間との戦いでもある。環境を考慮して一晩で完成し、幕を開けなければならないので、デザインの段階から効率の良いディスプレイの取り付け手順を考えなければならない。

6｜エンゼルフィッシュ造形
スポンジアートの造形作家とのコラボレーションにより制作。作画から立体形状になるまでを、試行錯誤の繰り返しにより検討する。柔らかな素材をいかした立体を成形し、ストライプをまとったエンゼルフィッシュが完成。

リアル×バーチャル
100年後につくりたい空間は？

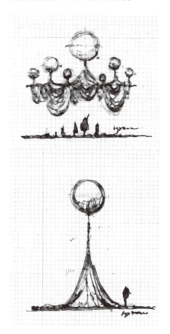

柱のない空間、いつでもどこでも自由な時間と場所に空間をつくる。屋根が空中に浮く姿を想像してみる。空を自由に飛びたいと願うことは誰しも子どものころに夢見たことだろう。浮遊することへの憧れは尽きない。柱のない空間はバーチャルな体験空間には最適なものになるだろう。100年後は地上を離れた生活が訪れ、自由にコントロールできる屋根がつくりだす下に、電脳空間が現れることになるだろう。

033

商｜観

人を観察し、空間を考察する

斎藤俊二
Saito Shunji

商業空間を構成する上で大切なことは、空間で買い物をする人が何を思い、どんな感覚でその空間をとらえているのか。常に変化する時代の中で、「買い物」する動機や行動（リアル）をどのようにとらえて考察すべきか。ECが加速化する現代、人が行き交い、集い、学び、遊び、情報収集する「場空間」をあらためて考えなくてはと感じている。コト・トキを中心とした体験・体感は、その空間に居る人しか感じることはできない。商業＝買い物の場ではなく、場は「賑わい」を創出し知的で心地良い調和で、「毎日行きたくなる」「わざわざ行きたくなる」「訪れるだけで心が豊かに楽しくなる」サードプレイスとなる空間がリアルと考える。商業面積の大半を「食」ゾーン、好質生活提案の「住のゾーン」。さらにこの2つのゾーンを、豊富な知的生活提案の「知」ゾーンで、シームレスに融合させ、従来の商業施設にはない、地域と社会と密接な商空間を創造していきたい。

LECT（レクト）

地域と密着した居心地の良い賑わい空間

LECTとは、Living（住）、Eating（食）、Culture（知）と、Town・Time（街・時）の頭文字で構成され、そして、選ぶ楽しさを表したSelectにちなんだ店名のショッピングモール。さまざまな知・食・住が集約し、知性と感性と心地良さにあふれた商業空間。

広島 西区｜2017年4月｜スペース
商空間デザイン｜撮影：タクミフォート

1｜外部環境
今までの商業施設をイメージする外装デザインではなく、自然環境との融合、地域環境と調和した外部環境デザイン、また内部空間との一体化を図る。

2｜メインモール吹抜け
吹抜けの1階部分にフードコートを、配置することによって起きる市場のような賑わい、祝祭空間を、吹抜けによって館全体に波及させる。

リアル×バーチャル
100年後につくりたい空間は？

> 人と自然、商業と自然が
> 常に融合する

商業施設とは、単に買い物をする場ではなく、人の行動と環境がいつの時代も共存し、ときには暮らし、ときには知識を深め、ときには情報を得るコミュニティの場として、人の心を動かし続ける存在である。人は自然と共に繁栄し、この関係は100年後も共になくてはならない存在である。「人と自然」×「商業と自然」は普遍的なものであり、共感して行く場が商空間であると思う。

3｜どこまでも自然を感じる
自然との融合、囲まれた空間ではない、開放的で心地良さを感じる初期構想スケッチ。内部でも外部でもない、どこにいても自然を感じ、風を感じ、新緑の香りを感じる商業空間イメージを表現。

4｜中と外の融合
商業施設の空間と外部環境を隔てることなく、あたかも公園内でショッピングしているような商環境をイメージ。囲まれた閉塞感を出さないように外光、風、自然との共生を体感する。

5｜実施段階の商環境空間
レストラン街環境は、オープンなつくりで、「食べる」を感じる空間構成。エントランスと吹抜け部との連動環境にすることで、より開放的で、賑わいを感じる場とし、「人」が中心となる。

6｜子どもの遊び場
単なる商業施設の遊び場ではなく、付加価値として豊かな時間を過ごせ、「コミュニケーション」「創造」「知育」を通して、子育て世代の情報発信の場として計画。さらに、地域の材木関連企業と連動した取り組みで、自然の風合いをいかした無垢材を使用した、安心で安全な遊び場環境を構成。

商 | 蒔

「見えない種」を
デザインに込めて蒔く

檜原由比子
Hihara Yuiko

私はウインドウディスプレイをデザインするとき、「言葉のかけら」からイメージを導き出している。それは、デザインの目的や施設の環境、指定されたテーマ、商品、季節などから始まり、社会背景や個人的な嗜好も交えたたくさんの「言葉のかけら」。その中から取捨選択し、つなぎ、文章にしてイメージを導き出し、デザインの骨格を決めている。そしてその過程で、作品ごとに自分なりの社会に伝えたい想い＝メッセージを、秘かにデザインに込めている。

それはデザインに込めた「見えない種」。その「種」はウインドウから社会に「蒔かれ」、人や環境の中で、芽生え、さまざまに育まれ成長して欲しいと思っている。

そして、人と人、人と社会の新しい関係を生み出すきっかけになってくれたらと願っている。

化粧「Change!」
ちょっとしたチェンジで楽しく！

東京銀座。この地に資生堂は創業した。そこに今もある資生堂化粧品総本店。ちょっとした「Change!」で知らなかった自分に出会える場所である。その店のウインドウを通し、東京銀座を訪れた世界中の人たちに「化粧」の楽しさ、「資生堂」の遊び心を伝えたかった。日本の夏の象徴「金魚」をモチーフに、左側から見るとさまざまな色の金魚たちが、右側から見るとすべて赤にチェンジする。歩きながら変化を楽しめるウインドウにした。カラフルな金魚は世界の人々の多様性を、赤に変化するのは心の融合の意味を含む。「いろいろな国の人たちとの交流から広い視野と柔軟な思考が育まれ、より幸せでより楽しい世界が広がってほしい」という思いを「見えない種」として蒔いた。

SHISEIDO THE GINZA｜東京 銀座
2015年5月｜資生堂｜ウィンドウデザイン｜撮影：飯野太平

1｜左側から見た
　ウインドウ
日本の折り紙の手法を発展させ、折り残した色を重ねて金魚が泳いでいるシーンを表現。左側からはカラフルな金魚、反対側からは赤に変化。

2｜ウインドウのアップ
素材は、金属の板をベースに、白い和紙と色紙を表裏に貼って折ったものを重ねた。

3｜右側から見たウインドウ
側面と床面をミラーにすることで、どこまでも広がる水の世界を表現した。

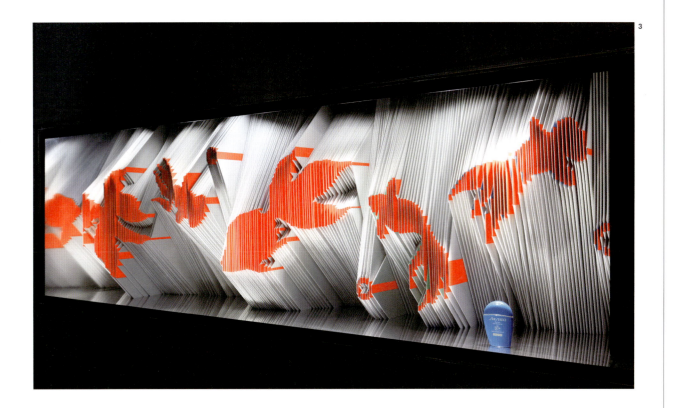

リアル×バーチャル
100年後につくりたい空間は?

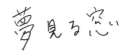

現在から100年近く前の1923(大正12)年、関東大震災が起きた。その5年後の1928(昭和3)年、銀座の資生堂化粧品店と資生堂パーラーは再建され、そこにつくられたウインドウは「夢見る窓」と呼ばれ人気を博した。ウインドウが、復興間もない頃の人々の心に夢や希望を与えていたのではないだろうか。このようにウインドウディスプレイは、いつも社会の窓として街や、そこに行き交う人々の心に寄り添い、楽しませ、驚かせてきたように思うのだ。

現在はテクノロジーこそ発展したが、人の望むものは本質的には変わっていないように思う。人はいつの時代も夢見る気持ちや幸福を求めるものだから。

この先の100年で社会やテクノロジーがどのように変化するのか? 私には想像できないが、100年後もウインドウは人々を楽しませ、驚かせ、その場でしか体験できない素敵な経験を与える場として残っていると思う。

もしも私が100年後の空間をつくるとしたら、今と変わらない手法と、その時のテクノロジーを使って空間をつくり出し、そこで出会った人が少しでも幸福な気持ちになり、心の真ん中に響く、そんなプリミティブな「夢見る窓」をつくりたいと思う。

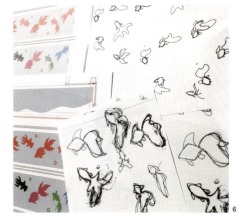

4 | 構造説明
製作のための右用左用2種の図面を作成し、1枚のパーツにする。すべてのパーツを図面化した。

5 | 施工風景
1枚ずつつくった物を10枚ほどのブロックにして搬入。現場ですべてを組み立てた(全部で258枚)。

6 | 金魚のラフとデザイン図面
金魚のシルエットを図面にして1枚ごとの折り目を設定。効果的な形と配置になるよう配慮した。

商｜訳

物事を形や体験に翻訳する

歌代 悟
Utashiro Satoru

空間を創造することは、課題や概念、感情、時間、言葉といった、目に見えるもの、見えないもの含めたさまざまな物事を、形や体験に翻訳する作業だととらえている。英語を直訳すると違和感のある日本語になることがあるように、空間翻訳においても必ずしも直訳が答えではないことが往々にして起こり得る。クリエイターが自分なりの解釈や意思を注ぎ、整理し、表現する必要があるのだ。目に見えない情緒的価値を可視化する場面や、機能的価値を直感的に伝える場面など、翻訳の対象はさまざまであるが、私が扱う空間領域においては、伝えたいことは何か、誰に伝えるべきか、伝わるためにはどう翻訳すべきか、情報を変換したり、まとめたり、引き算をしたりして空間をつくり上げていく。注意すべきは、原本のストーリーが変わってしまうような余分な足し算や間違った解釈をしないこと。美しい文章だとスラスラと読むことができて、時間を忘れてしまうように、物事を空間として美しく翻訳できることが理想である。

TOKYO MOTOR SHOW 2017 「AUDI」BOOTH FORMLESS

形のない形

自動運転技術を始めとした先進技術の思想「Audi AI」という、形は特定できないが、人それぞれに合ったそれぞれ固有の価値を生み出す存在を表現するために、来場者の視点や時間、そして個人の感覚に呼応して見え方が変化する光のインスタレーションを軸とした空間構成と体験装置を構築。

東京 有明｜2017年11月
博展｜ブースデザイン｜撮影：見学友宙

1・2｜形づくらずに形づくる
あえて個性の強い形をつくらず、無数のチューブと光の演出を空間の軸とし、そこから生まれる視点による変化と時間による変化が、空間にその瞬間瞬間、無限の形を与えた。

3｜翻訳確認
チューブの太さ、長さ、密度、透明度と、照明の当て方、色味などを検証し、没入感を調整。空間翻訳の精度を高めた。

4｜初期ラフイメージ
翻訳の全体像は完成形とほぼ同義だが、訳のディテール精度はまだ甘い状態。

EDIX 学びNEXT 2016 「DENSO」BOOTH

直感と記憶

人とロボットの協働を目指すコラボレーションロボットCOBOTTA。COBOTTAのもつ「人への優しさ」「やわらかいフォルム」を空間にインストールし、その価値と特徴を直感的に伝え、空間全体として記憶に残すことを目指した。

東京 有明｜2016年5月
博展｜ブースデザイン
撮影：御園生大地

5-8｜アイデンティティの共有

製品と空間がアイデンティティを共有する。展示空間として最も大切で原点とも言えるコンセプトで空間をデザイン。製品体験と空間体験が互いに結び付き、強い体験として来場者の記憶に残る。

9｜記憶の定着

アイデンティティの共有は製品と空間だけでなく、リーフレットやノベルティにも展開。事後配布物が空間での体験記憶と結び付くことで、統一的な記憶の想起と、定着につながる。

リアル×バーチャル
100年後につくりたい空間は？

> 規制と限界から解放された人間の本能的必然空間

100年後、主としてリアルに住む住人と、主としてバーチャルに住む住人が二分するのではないだろうか。バーチャルの世界では、リアルの世界に存在するあらゆる規制と限界が突破される。例えば、ビルは1000階建ても可能だし、宙に浮くことも可能。そこでは人間が規制と限界から解放されたときに、必然的に生み出される空間が自然発生する。そのバーチャル世界において、自分自身が自由な空間をつくりたいという欲求以上に、文化が交錯した現代・未来において、クリエイターが介在せずに住民が本能として、あるいは文化や周辺環境の枠から解放されて、生み出す必然空間に非常に興味がある。無から有が生み出される瞬間だからだ。それはやはりリアル世界の延長とした空間か、想像を超えるユートピアのような空間か、それとも九龍城砦のような個の集合体としての空間か。100年後の空間というテーマに対しては、一人のつくり手という視点を越えて、自分の想像が及ばない世界の誕生を必死に想像するだけで面白い。

商｜繋

デザインがもつ つなげる力

窪田 茂
Kubota Shigeru

METoA Ginza　三菱電機ショールーム

三菱電機のすべての事業を展示する

ショールームをつくる場所を借りたが、どうしたらいいのかわからない、という相談からスタートした。三菱電機の事業は家電から宇宙開発、通信、医療などの広範囲に広がっており、限られたスペースを活用するために、大きな展示イベントを年に4回開催しながら、全事業の展示をしていくことを決めた。デザインのコンセプトは「出会う」。ただし、展示するものは技術やプロダクトそのものではなく、アーティストたちとのコラボレーション作品として展示をすることで、銀座を訪れる人々に興味をもってもらうという試み。

東京 銀座｜2016年3月｜窪田建築都市研究所｜企画・プロデュース・空間デザイン｜撮影：ナカサ＆パートナーズ

1｜コラボレーションカフェ
空間デザインのほかに、ネーミングやロゴデザイン、カフェ運営者の紹介、メニューや価格の方針にも関わり、METoAイベント時のコラボレーションメニューの開発などを提案。

デザイナーの仕事は、何かと何かをつなげる仕事である。その接点となるものがデザイン。「街と空間をつなぐもの」「空間と人をつなぐもの」「人と人をつなぐもの」。
デザインは、クライアントとの意思をつなぐものでもあるし、いくつかの業態をつなぎ合わせて、コミュニケーションを活性化させ、新しい事業の形をつくり出したりもする。
地域性や場所性、条件を取り込みながら、さまざまな調査を行い、力強いコンセプトを導き出し、目標に向かってできる限り真っ直ぐ歩き、最適なデザインを創造する。大切なことは、全体像をとらえるマクロの視点、ディテールを詰めるミクロの視点、そして利用者の視線をもつこと。人の心を惹きつけるデザインとは何か、素晴らしい空間とは何かを、自問自答しながら、デザインを組み立てる。そうやって完成したデザインがたくさんの人との接点となり、次々とコミュニティをつないでいくことで、新しい未来へと想いをつなげていくのである。

2 | ネーミングとロゴデザイン
企画プロデュースから始まり、ネーミングやロゴデザインも提案している。METoAとはMitsubishi Electric Touch of Advancementの略で、ME（私）とME（三菱電機）が出会う場所をつくるという意味。ロゴデザイン自体も重なり合っており、「出会う」というコンセプトとの共通性をもたせている。

3 | ELVシャフトの壁
出会う、コラボレーション、重なるというコンセプトから、この壁のデザインは、ハニカムパネルを2枚重ね、その1枚を90度回転させると、そこには花のような模様が生まれる。これは、技術と技術が掛け合わされることで、幸せが生まれていくという意味合いを込めており、これが三菱電機のメッセージとも繋がる。

4 | 展示イベントの風景
アーティストの頭脳を通すことで、技術展示がアート展示に変化し、来館者は芸術や文化を感じながら、三菱電機の事業や技術を知ることになる。見る、聞く、触るという体験を通すことで、印象の強い思い出をつくり、また銀座に来たときにのぞいてみたくなる、という流れをつくる。写真はロボットアームのイベント。

5 | 模型写真
総合プロデュースと空間デザインという仕事だったため、相当量の企画書やパースをつくり、模型を製作し、何度も何度も議論を交わした。この模型写真は、2階の巨大モニターと空間のバランスを検証したもの。

6 | ゾーニングやスケッチ
プレゼン資料や最初のラフスケッチなど。繰り返されるアイデアとスケッチ。アイデアをいつでも引き出したり、組み合わせたりできるように、日々の生活を興味で満たし、柔軟な脳をつくっておかなければならない。

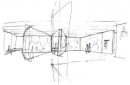
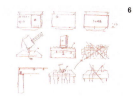

リアル×バーチャル
100年後につくりたい空間は？

> 外部空間と一体化していく
> 室内空間
> The Indoor, feel like Outdoor

2018年から100年前は1918年。大正7年。一般家庭には電話もなければ、テレビもないし、冷蔵庫もない。しかし現代には、携帯電話があり、インターネットがあり、飛行機で旅をし、ロケットが宇宙に行き、ロボットが人の代わりに仕事をし、人工知能AIが有望な事業になってきている。現在の技術革新は昔とは比べものにならないほどのスピードで進んでいる。そんな状況の中、果たして100年後の世界を誰が明確に想像できるだろうか？ リアルとバーチャルの境目が存在しているのだろうか？ しかしそれでも、人の営みは大きく変わらないのかもしれない。それは人が生身の動物だから。だとすれば、人間の五感は変わらないはずで、例えば触覚だけを取ってみても、今私たちが感じているような木のぬくもりは100年後も変わらない感覚といえる。それなら、バーチャルであることよりも、リアルであることの重要性は今よりも遥かに価値のあることになっているのかもしれない。

天井の高いリビングから森を眺める。このころには、サッシは完全なフレームレス、壁や天井の躯体は透き通っているかもしれない。だとしたら、屋内は完全に屋外と一体化し、最高の空間が現れる。

商｜触

Switching.
商空間における環境創造

森田昭一
Morita Shoichi

商業界におけるリアル空間の価値創造が問われている中、「人」を起点にした「五感」訴求を意図した空間構成は、ネットやECサイトでは体感できない実空間の可能性を秘めている。取り分け「触覚」において、直接触れるだけではなく、肌感覚で感じ取れる居心地感や気持ち良さは、自然環境に身を置いた際に感じるものに近く、商空間においての快適利用や自分のお気に入りの場づくりには重要な要素である。

特に日々の暮らしの利用視点の商業施設においては、その生活圏におけるサードプレイス（第三の居場所）的な場づくりのアップデートが潜在的に求められつつある。さらに、その私的な場づくりにおいては、この触覚に働きかけていく空間構成を構築することで、その場に入った瞬間から、人の心をスウィッチングしていく効果がある。

Northport Mall
リニューアルプロジェクト

場を巡るシークエンスづくり

暮しの街・港北ニュータウンのセンター北駅に隣接している複合型商業施設の全館リニューアル物件である。既存の施設の最大の課題として、多層階における場の特性があるにも関わらず、単一環境による空間構造となっていた。立地環境を考察し、各階・各ゾーンの場所性に合ったシーンの連続を再構築することで、巡る楽しさを演出している。

神奈川 横浜／2017年9月
東急不動産、スペース
空間デザイン／撮影：PIPS

1｜ウエルカムな場づくり
2階のメインエントランスゾーンという場の特性において、外から中、日常空間から商空間、日常マインドからショッピングマインドに「スイッチ」していく場として再構築した。また、訪れる生活者を迎える玄関、ウエルカムな場づくりとして環境創造している。

2｜レストスペース
光の印象を場の特性、使われ方に合わせて意匠を展開した。

3｜化粧室まわりの空間
より親密性をもたせるために、私的な空間感の演出としている。

4｜既存空間（before）
光天井意匠による逆光効果で、各テナントファサードが影の存在として見えている。

5｜空間に彩りを与える「色」
大空間においては、空間演出としてのアイコニックなコンセプト色を展開することで、空間表現に華やかな彩りと奥行きが展開できる。場の印象を演出するため、人の手によるオリジナルペイントも。

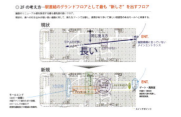

6｜五感訴求によるマインド誘引
やわらかな光の連続と、素材、緑、香りなどの五感訴求演出の層を重ね、直観的にその華やかさを「触覚（肌感覚）」で感じられる場とした。また、奥のエリアへのプロムナードとして位置付けした空間構造としている。

7｜フロアの導き方
駅直結のグランドフロアとして、フロアの位置付けとゾーン特性の再整理を行った。

8｜「光」の演出
空間における光演出の役割は大きく、リニューアルにおいては直接光、間接光、装飾器具などの光のリ・デザインを施すことにより華やかな商空間演出が可能となる。

リアル×バーチャル
100年後につくりたい空間は？

ドコデモ・プレイス

50年後の未来においては、人口の7割以上が都市に集まっているという推計がある。100年後においては、その反省や課題から新たな価値観のもと、衣・職・食・住が生活圏の中で進化していると予測する。
交通手段は車に限らず、東京・大阪間は1時間以内での移動が可能となり、モビリティの進化により、どこでも働ける環境になると考える。
生活者の暮らしの中にデジタル環境やAI、テクノロジーの恩恵は当たり前になっている中、そのアンチテーゼとしてより「人らしさ」「リアル空間の価値観」が求められ、アンチテクノロジーではなく、その融合が空間の可能性として必要とされる。
また、人々の働き方も場所や時間に束縛されず、住と職の距離感がなくなり私的なお気に入りの場所で働くことが可能となる。100年後であっても人は集うことを好み、空間をシェアしながらも、生活感に合った自然環境をもバーチャルに取り入れられ、好みのバーチャル空間を体感できる。そんな「どこでも空間」が、生活圏におけるライフスタイルを進化させていると予測する。

商│美

銀座の記憶と、美の小宇宙

信藤洋二・小林幹也
Nobuto Yoji, Kobayashi Motonari

銀座に江戸時代から残る格子状の区画は、文化の記憶が刻まれた基盤である。盤上の街並みは大正12年の大震災後から大衆化が進み、昭和の戦後復興から高度経済成長へと変遷してきた。とりわけ1960年代は若者文化が花開き、資生堂のウインドウディスプレイが商業空間をアーティスティックに飾り話題となる。中でも当初まだ芸大の学生だった伊藤隆道は、1962年から10年間に渡り、100点近いディスプレイを制作し注目を集めた。

2020年の東京オリンピックが2年後に迫り、第1回東京オリンピックで賑わった銀座の記憶を蘇らせたいと考え「銀座彩光」を計画した。伊藤氏は半世紀前の発想の原点に立ち返り、当時の記憶を手繰るように、純粋造形に動きを与える手法に取り組まれた。「ウインドウは、結果としてその街の格式をつくり、街をより良く、より美しくするものであって欲しいと思う」と、資生堂名誉会長の福原義晴は記している。「銀座彩光」が目指したものは、このように記憶を辿り、街に輝きやエレガンスを再創造する試みである。

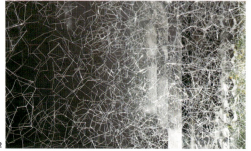

「銀座彩光」資生堂／伊藤隆道

SHISEIDO WINDOW ARTに挑む

2018年、資生堂は「SHISEIDO WINDOW ART」をテーマに美のインスピレーションを与える新しい表現を発表していく。第一弾は、1960年代に資生堂のショーウインドウ文化を築きあげた「造形家 伊藤隆道氏」による50年ぶりの新作。2020年に向けて新たな表情を見せはじめた、銀座の街を彩るメッセージ性の高い美しいアート作品となった。

東京 銀座｜2017年12月〜2018年3月｜資生堂
ウインドウデザイン｜撮影：飯野太平

1｜資生堂銀座ビル
伊藤氏の手業により生み出された250個もの金属パーツが回転し、時間の移ろいに合わせて彩り豊かに輝く。昼間は日差しに白く輝き、日が沈むころには彩りの世界に。刻々と変化する街に美しく輝きを放つ。

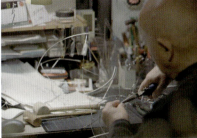
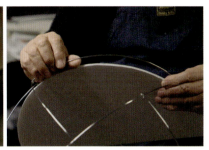

2 | 資生堂銀座ビル（昼）
キラキラと輝く表情を雪国のダイヤモンドダストに例えた人がいた。伊藤氏は札幌出身、美しい北国の原風景とイメージがオーバーラップする。

3 | 伊藤隆道氏のアトリエ
制作中の伊藤氏。まず、造形しやすいように線材を真っ直ぐに整えることから始める。一見簡単そうに見えるが、素人には到底真似できない技である。接合部は、溶接ではなくペンチを使って注意深く念入りにかしめる。ペンチが金属疲労を起こし、折れたことからも、想像を絶する制作だったに違いない。

4 | 資生堂パーラー銀座本店（中央通り側）
店内よりウインドウのディスプレイ越しに、銀座の街並みと夜明けの瞬間をとらえた貴重な一枚。

5 | 資生堂パーラー銀座本店
銀座中央通りと並木通りに面した2つのウインドウ。金属パーツを球体状に組み合わせた作品を、それぞれ縦長の大きなウインドウに展示した。

リアル×バーチャル
100年後につくりたい空間は？

SHISEIDO WINDOW ART 2119

現在と変わりなくデザインとアートの境界線を越えた表現に挑む。単に商品を宣伝するためだけのショーウインドウに留まらず、一企業の姿勢として、資生堂のクリエイティブ力を発揮する。目の前に表現されるリアリティは、他のメディアにはない魅力である。化粧とは何か？　美とは何か？　資生堂とは？　時代を敏感にとらえて、社会的にメッセージ性があり、インパクトのある美しい空間表現を期待したい。資生堂のショーウインドウは資生堂の顔であり文化である。街を行き交う人々の笑顔のために、その街を彩り形成する重要な要素であり続けたい。

商 | 演

異質なものを見立てる

矢部達也
Yabe Tatsuya

「違う」は人を立ち止まらせる。記憶しているものと質感が異なれば、そこに疑問や混乱が生じ注目してしまう。固いものがやわらかい、重いはずのものが軽い、光っていないのに明るい、動きのあるものが止まる、香りがないのに匂う、無音なのに音がする、常温なのに冷たい……または、それらの逆などである。その心理をデザインへいかすには、相手との共感が必要。異質を演じている素材が、記憶している「何か」につながり、見立てていることが共有されなければ、こちらの狙った意図は伝わらない。それを可能にする修練として学生諸君には常に、さまざまなものを見て感じ、考えるよう勧めている。雑多な情報を得て、それらを組み合わせたり、変換させたりすれば、幅広い発想を生み出せるはずだ。どんな素材を、どのように演じさせるか。共感が得られつつ、意外な組み合わせで見立てができたとき、それは妙なるものとして感動される。質感における「掛詞」のようなものだろう。

福文堂書店ショーウインドウ／氷漬けクリスマス
冷たい素材に暖かい物語

氷漬けのおもちゃたちは、リボンに包まれプレゼントとなり世界中に飛んで行く。それは寒い冬の印象に負けない、カラフルで賑やかなクリスマスへの期待を表している。
（動画 https://youtu.be/qEgluVsy-vw）

愛知 名古屋｜2016年11月
名古屋総合デザイン専門学校・空間工房
ウインドウデザイン｜撮影：矢部達也

1｜氷の国
オーロラをイメージした紗のカーテン、氷に入ったおもちゃを迎えに行くリボン、ツリーをイメージした氷の積層。物語をつくり、動きを感じさせた、学生諸君の若々しいアイデア。

2｜素材が演じる
透明塩ビの化粧箱をドライヤーの熱で歪ませ、サンドペーパーの傷や、つや消しスプレーにより氷らしくした。玩具と電飾を入れ、それらを積み上げていく。

3｜展示の検証
工房の壁面に、現地と同寸法の模型をつくり、展示物の構成を確認。展示物はできるだけ組み立てずみの状態で現地へ搬入し、現場作業を効率化する。

リアル×バーチャル
100年後につくりたい空間は？

透過商店街

通販全盛の時代は終わり、人々は街を歩き買物を楽しむ古風な様式へ回帰。倉庫もレジもなくなり、店内はすべて売場。購入品は即自宅に電送されるから身軽だ。店舗の外壁はすべてショーウインドウとなって、ときに街路へ動きながら人々を招く。建築物に柱はなく、立体映像のウインドウなので、人々はどこからでも店内へ自由に出入り可能。指向性のある映像は、景観も煩雑にしない。ひとつ一つ個性的なそれらのウインドウをすべて演出してみたい。

祭
まつる

祝祭空間
寿ぐ空間
フェスティバルとレクイエム
ファッドとファッション
五輪と万博
共時体験

Interview | 祭

経験を与える
インスタレーション

増田セバスチャン
Masuda Sebastian

Profile
1970年生まれ。90年代に演劇、現代美術の世界で活動を開始。きゃりーぱみゅぱみゅ初期の美術演出、レストラン「KAWAII MONSTER CAFE」のプロデュースなどKAWAII文化を基軸に作品を制作。第16回文化庁文化交流使としてアメリカ、ヨーロッパ、アフリカ、南米各地でアート活動を行う。NYU客員研究員、京都造形芸術大学客員教授。

作品に内包された
演劇的要素と日本の文化

僕がクリエイティブの世界に入ろうと思ったのは、10代の引きこもり時代に、寺山修司氏の『書を捨てよ、町へ出よう』を読んだことに始まる。内容は正直よくわからなかったけれど、とにかく今のままではいけない、固定概念を外して行動を起こせ、もっと自由に生きろということを読み取るには十分だった。そこから劇団に演出志望で入って活動していくうちに、表現には無限の可能性があり、どこにでも世界をつくることができると気付いて、自分自身でも活動を始めた。だから僕のつくるものの根底には、ひとつの空間内を構成し、観客の目や足をどうやって誘導していくかという演劇の要素が根付いている。

それからもうひとつ、自覚していなかった原点がある。僕の代表作「Colorful Rebellion」は、プラスチックや化学繊維など世界中にあるマテリアルを使い、すでに存在している色で新しい色をつくることを試みたものだ。この作品に興味をもった色彩研究の専門家がコンピュータ解析したところ、この作品の色彩配列が400年前の琳派などの大和絵や十二単と近いルールをもった色彩配列だということがわかった。それを聞いて思い出したのは自分の生い立ちだった。生家が呉服屋を営んでいて、小さいころから着物や帯の色彩に自然と触れてきた。作品では自分が気持ち良いと感じる配列で色を並べているが、僕自身、知らず知らずに先人たちが生み出し、伝えてきたものを受け継いで、表現していたのだと気付かされた。

世界では日本の「ワビ・サビ」といった奥ゆかしい文化がよく取り上げられる。けれど日本には「ハレ」の文化、日常から離れた「祝祭」の文化もあることを忘れてはいけない。僕の作品は海外で評価されることが多いけれど、

作品を介して日本が受け継いできた色彩豊かな「ハレ」の文化を見ているのかもしれないとふと思う。この伝統的な世界観がある限り、人はいつでも、日常と非日常を行き来できるのだ。そして今、いろいろな問題を抱える不安定な世界情勢の中で、実はこの「ハレ」の力が必要とされているのではないか、そこにみんなが待つハッピーな未来のヒントがあるのではないかと僕は考えている。

時代も若者の感覚も2Dから3Dへ

今のバーチャルな時代を、僕は単に2Dから3Dになっただけだととらえている。例えば、世界地図を平面的に見たら、日本とヨーロッパには距離があるように感じる。でもその地図をくるりと丸めると、もっと近く見える。つまりいろいろなものが3Dで飛び込んでくる感じ。そういう感覚が今のバーチャルだと言えるのではないだろうか。特に僕の作品を支持してくれる、生まれたときからケータイでインターネットができる若い世代は、昭和生まれの僕とは考え方もお金の使い方も行動力の範囲も全く違う。東京好きなパリの子たちが、思い立った翌日には東京に来るようなノリがある。3Dの感覚で、自分の欲求にストレートなのだ。

また、僕はKAWAIIという日本のポップカルチャーをベースとした概念を世界に広めた一人だけれど、世界中に点在したフォロワーたちが、現代のトライブ（部族）としてどうでき上がっていくのかにも興味があり、客員研究員としてニューヨーク大学で研究もしている。例えば、イヌイットのような先住民たちの文化が土地に由来していたのに対して、その土地が消滅したとき、どういうトライブができるのかを考えているのだ。つまり土地がなく、デジタル上に、それも3Dで点在している状態。それでも例えばKAWAIIという共通の思想をもつと、自然とファッションも似てきて、同じものを信奉し、同じような考え方になってくる。それが現代のトライブの生まれ方ではないかと思う。同じ哲学、思想をもつことが、人種・宗教・性別・国境を越えていく、そういう時代になっているのだ。

つくりたいものは、経験を与える「舞台」

年々、デジタル空間で作品をつくるアーティストが増えている。ただ、デジタル映像技術を駆使した体験型システムには、なぜか「楽しいね、きれいだね」で終わり、記憶に残らないところがある。それは恐らく、そこに肉体的な危機感がないからではないだろうか。例えば幼少のころ、川遊びをして流されそうになったという心身で感じた危機感は記憶に残る。そういう肉体的危機感を備えるもの、記憶をつくる部分がこれからの体験型作品には必要だと思う。なぜなら体験だけはダウンロードできないのだから。

僕自身は、今までリアルもデジタルも含めて、そこに居合わせた人たちに経験を与えるインスタレーションや空間をつくってきたつもりだ。それは最終的に経験できるものとしての「舞台」をつくることなのだと自覚している。

また、僕は自分がアクティビストに近いアーティストだと思っている。最近は、海外の学生やアーティストを招いて日本の若い世代と知識や経験をエクスチェンジするためのNPOを立ち上げている。なぜそんなことをするかというと、僕が若い世代に直接何かを教えるのではなく、彼らがお互いに刺激し合う状況をつくることが5年先の未来をつくる近道だと考えているからだ。場があれば人が集まり、価値が生まれる。アートを通して、よりカラフルで多様な未来をつくる活動にも力を入れていきたい。

祭 | 感

時間と空間を超える感性の旅

内藤 純
Naito Jun

EXPOのような大集客ブランドスペースをデザインする際には、限定された時間内での感動体験の創出が決め手となる。そんなとき、観客を旅行者ととらえ「旅のデザイン」視点で置き換えると分かりやすい。送り手（クライアント）のメッセージ（商品、サービス）を多数の受け手（来場者、観客）に高度な提供価値として届けるには、旅の醍醐味である非日常性、祝祭性、審美性といった感性要素を展示演出の基本スタンスに据えることが重要である。そして施設構成（動線）に沿って観客のパーセプションフローをデザインし、「旅の行程をつくる」のだ。大量の情報がフローする現在、かつての「月の石」のようなEXPOコンテンツは存在しない。今回、モチーフをつくるため「原風景」という言葉に着目した。観客の「幼い頃、心に刻まれたであろう懐かしい体験」にフォーカスし、そこから感性を引き出すための演出をプロットする。こういった心象体験は、観客自らが感動スイッチを押し、送り手とのエンゲージメントを高めるのに有益だからだ。

2015年ミラノ国際博覧会・日本館

食を巡る遥かなる旅　Harmonious Diversity

日本の「食」は、自然との共生・伝統・技・文化・健康・団欒など、多様な側面から語られる。「いただきます・おもてなし」という日本人の食に対する精神性を基本に、食が生まれる場所（水田など）から家族の集う食卓までを、日本が誇るクリエイターと最新テクノロジーの演出を駆使して「感性の旅」を創造した。

イタリア ミラノ｜2015年5月
展示プロデューサー＆クリエイティブディレクター：内藤純、電通／総合プロデュース（Harmony／チームラボ、Future Restaurant／ライゾマティクス）
撮影：ナカサ＆パートナーズ

1｜Harmony（旅のスタート）
日本食は美しい自然との共生から生まれる。水田や畑など人が手を加えた自然の中に佇む日本人の心象風景を創出。外国人にとっては日本への憧憬となり感動体験を生み出す。

2｜Future Restaurant（旅のゴール）
美味しい料理を前に食卓を囲む。それは家族・友人とのコミュニケーションの最少単位。「いただきます」の言葉が小さな幸せとなって世界を駆け巡り、大きなコミュニケーションの輪をつくり上げる。

3 | 展示ゾーニング
間口が狭く奥深い敷地をいかし、京都の町屋のように各部屋をレイアウト。観客は特徴ある各部屋を巡って行く。

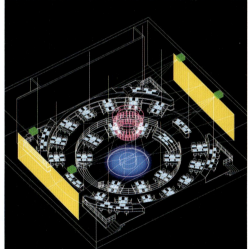

4 | パーセプションフロー
各シーンにモチーフを設定し、時間軸上にプロットする。観客の心理変容を設計し、感動指数曲線を創造する。

5 | Future Restaurantの一体感演出
最終シーンは世界の人々が一堂に会するシアター。6人掛け食卓には箸を使うタッチディスプレイが設置され、キャストの進行と共に大型映像や照明がシンクロ。観客は一体となってフィナーレを迎える。

6 | Harmonyの繊細な季節演出
日本の原風景は繊細な季節感と密接に絡む。観客が分け入れる稲穂スクリーンを床に設置し、天井から映像をプロジェクション。観客の動きをセンシングしてインタラクティブ演出を企てる。

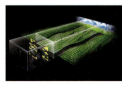

リアル×バーチャル
100年後につくりたい空間は？

「リアルとバーチャル」の境は、最新テクノロジーの発達で急速にボーダーレス化が進んでいる。しかし現代のテクノロジーをもってしても、どうしても超えられない壁がある。それは「重力」だ。リアルには重力があって、バーチャルには重力がない。100年後、その壁を超えた「Zero Gravity」の世界が到来すれば、空間デザインの可能性は無限に広がる。

祭｜融

INTEGRATED
VISUAL DESIGN

鈴木不二絵
Suzuki Fujie

1

第20回 ブリュッセル・フラワーカーペット
60万本の生花で描かれる1800㎡の日本美

2016年は日本・ベルギー友好150周年。その深いつながりと、両国の良き未来の実現を願い、世界に喜びと感動を届けられるようなデザインを考案した。日本の伝統文様から、縁起、成長、円満、長寿など、幸せの意味をもつモチーフを選定し、大きな幸せの集合体として、日本を象徴するデザインに。デザインコンセプトは「花鳥風月」。

ベルギー グランプラス｜2016年8月
乃村工藝社、実施設計：Mark Schauteet
フラワーカーペットデザイン

Photography©Brussels Flower Carpet association, Wim Vanmaele, Belgium

1｜ナイトビュー
カーペットらしさはもちろんのこと、全方位から見えるグランプラスの特徴を踏まえ、上下左右どこから見ても成立するデザインを意識。それには連続性のある日本の伝統文様が効果的であると考え、背景に用いた。

2｜フラワーカーペット全景
自然の花の色は限られている。その厳しい条件下で日本らしさを表現することに試行錯誤を繰り返した。そのひとつが、赤い花をシンボリックに使うことだった。

空間は、ビジュアルひとつで表情が変わり、ときにはそこに緊張感を生むことさえある。このような認識のもと、ビジュアル視点から空間へアプローチしていくことが自身のデザインスタイルである。
そして、このアプローチにより、「人の心が動く、何かのきっかけになる」空間をつくることを常に意識している。
ロゴ、グラフィック、サインなどのビジュアルと空間とのシナジーを想像する感性が、デザインプロセスには重要であると考えている。ビジュアルと空間を解釈しながら、融合させ「場」に新たな魅力を生み出すことを追求し続けたい。

2

Photography©Brussels Flower Carpet association, Wim Vanmaele, Belgium

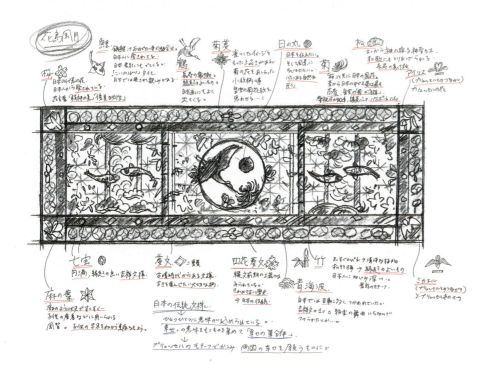

3｜幸せメモ
鶴：長寿、七宝：円満、竹：縁起、青海波・吉祥文・麻の葉：成長などといった、古来より語り継がれた幸せの意味をもつ伝統文様をモチーフに、両国の将来に幸せの願いを込めデザインした。

4｜応募時デザイン
テーマは「日本」、使用可能な花は「8色」という条件にてデザイン。着物の柄、家紋、伝統工芸品など、さまざまな日本の伝統文様をリサーチし、創造を膨らませた。

5｜最終デザイン
採用後、並べる花のサイズを考慮し、詳細なイラスト変更を行ったり、「ブリュッセルのアイテムや、芝生を取り入れた構成として欲しい」など、先方の要望を反映しながらデザインを完成させた。

6｜花農家訪問
花農家のみなさんは、日本にとって赤色が特別な色だと理解してくださっていた。遠い国に住む彼らが日本を想う心で育てられた花々が、さらに日本らしさの表現を際立たせてくれた。

リアル×バーチャル
100年後につくりたい空間は？

宇宙が友だちになり、ふらりと行くのが当たり前の時代。宇宙旅行、宇宙出張、宇宙で会議、宇宙ヘランチ……。いずれ頭に「宇宙」など付かない日常の行動・活動領域となる。当然私たちの仕事も宇宙へ。そこでは空間の定義が変わり、ビジュアルの定義も変わるはず。

無重力条件に最適な空間をつくり出すデザイナーが現れ、重力をコントロールしたデザインも生まれる。今後は、構造概念も動線概念も崩れた「天地レス」な世界が始まる。

天地レス動物園、天地レスシアター、天地レスカフェ、天地レス建築……。個人的には天地レスデートもしてみたいし、天地レス格闘技も観てみたい、天地レスオリンピックの種目は何だろう？

そういえば、私がこの世界に入ったのは、「後世に伝えるミュージアムをつくりたい」と思ったことがきっかけだった。100年経っても、同じ気持ちでデザインしたい。2120年、私のつくった天地レスミュージアムへ、ようこそ！

祭 | 動

動的ダイナミズムが
空間と身体を揺らす

ピクステック
P.I.C.S. TECH

ある空間に人間の身体が入った途端に、次第に生成変化が起こり、空間も身体も共鳴しながら変容して、同期しながら溶け合っていく。そんなことをいつも夢見ている。日ごろ、見慣れた建物や構造物、風景が次第に動き始め、ダイナミックに動的変化するのが3Dプロジェクションマッピングだ。映像をディスプレイ内部から解き放って、現実の世界に映像が介入する。そして、空間そのものがダイナミックにメタモルフォーゼし、非日常空間を体験する。

岡本太郎は大地から太陽に向かって伸びていく「樹」の生命力を愛してやまなかった。1971年に創作された「樹人」に、岡本太郎がこめたスピリットが、2017年に蘇った。

樹人を再生する試み
岡本太郎の精神が3DPMにより現代に蘇る

岡本太郎がオリジナル1点主義を批判し、自らマスター彫塑から雌型をつくり、強化プラスチックコピー作品を複数創作した。1971年に制作された彫刻作品「樹人」。複雑な形状を精緻に3Dデータモデル化し、プロジェクションマッピングされてDate Sculptureとして蘇った岡本太郎の自由な精神を体感する。

川崎市岡本太郎美術館 企画展
「岡本太郎とメディア・アート 山口勝弘──受け継がれるもの」
神奈川 川崎 | 2017年3月 | P.I.C.S. TECH
3Dプロジェクションマッピング | 撮影：古屋和臣

1 | 樹人への3DPM投影風景
樹人にデジタルネットワークを象徴するラインが絡み付き、インターネット空間につながる。

2 | 3DPMのメタモルフォーゼ
表面が細胞化し、生命をもったかのように動き出す。空間に滞在する鑑賞者が「樹人」の自由奔放に増殖し続けていくような、ダイナミックな生命力を、3Dプロジェクションマッピングのメタモルフォーゼで体感できることに注力した。

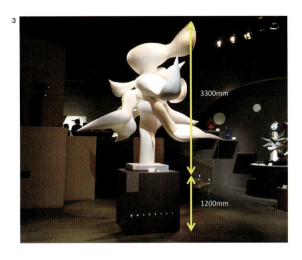

3

4

3｜樹人を計測、3Dモデルデータへ
彫刻を計測し、3Dスキャンした点群データを原寸の彫刻と齟齬がないように、3Dモデルデータ化する。約1カ月以上のモデリング修正作業が必要になる。

4｜樹人3Dモデルデータの美的検証
3Dモデルデータからレンダリングした3DCGを動かし、樹人の魅力的なビューポイントを検証。

5

6

5｜動的メタモルフォーゼのテスト
さまざまな動的メタモルフォーゼを3DCGでテストしながら、投影映像演出、空間の体験設計を構成、作成していく。彫刻作品を中心に観客が約180度回遊することでベストビューポイントが鑑賞できるように体験設計し、立体的変容が効果的になるように、イメージサンプル3DCGのプロトタイプを多数検証した。

6｜3DPM投影プラン
3台のPJの投影位置の調整、空間の体験設計調整、投影映像の修正を現場で確認しながら完成する。

リアル×バーチャル
100年後につくりたい空間は？

時空（時間軸と空間軸）を超えた
"知の旅"が体験できる空間

人々が感覚的に心地よく「芸術」や「科学」を体験できる空間。キャビネットに美しく整理された化石や鉱物、壁に掛けられた絵画や彫刻などを、手に取って眺めるうちに、身体に装着するデバイスセンサーやヘッドマウントは必要とせず、膨大なアーカイブデータから再構築された仮想の世界を現実との境目なく旅することができる。恐竜時代、画家が描いた中世の夢、地球・宇宙の誕生の物語などを、時間軸や空間軸を超越し、旅ができる空間を想像した。

055

祭｜纏

纏いながら脱ぐ

眞田岳彦
Sanada Takehiko

「空間を纏う」とは、「物」を「場」に置くことで生まれる「空」に身を置き、自身と向き合うこと。私の仕事の起点は、20代の体験にある。一本の糸を自身で紡ぎ衣服作品をつくりたいという思いから渡英し、翌年、数カ月間滞在した北極圏グリーンランドの体験から自分と向き合い、「生きるとは何か」を考えるようになった。その後、彫刻家リチャード・ディーコン氏の助手を務め、造形の基本は、歴史や風土など背景のリサーチを重ね、知識を広げ、それを集約して思索をまとめるという工程であることを学んだ。展覧会では、私が覚えた感動を「纏いながら脱ぐ」というようなプラス＆マイナスの考察を繰り返し、集約してゆく。漠とした感動から粒のような要素を自身の中に集め、確かめ、そこから衣服を造形する。造形した衣服を「場」に置くことで、「場」には目に見えない皮膚的空気感とも言えるような「空」が生まれる。作品に内包させた背景や感動は「場」に置かれ「空」を生み、鑑賞者は「空」を纏い、各々の内面と向き合い、感動を得る。

冬至祭 むすぶ・めぐる・つなぐ展
ATELIER MUJI

生命の再生を祝う空間

生命の再生の日とされてきた「冬至」を、鶴岡真弓氏（多摩美術大学 芸術人類学研究所所長）の文章と眞田岳彦の作品によりひも解く。「むすぶ」「めぐる」「つなぐ」の三期に分け、闇の時期から再生の時期への移り変わりを、作品とテキストの展示替えによって表現。また来場者参加企画も行い「変化する空間」に。

東京 有楽町｜2011～12年
主催：良品計画、企画運営：ATELIER MUJI
無印良品、多摩美術大学 芸術人類学研究所（IAA）｜展覧会
撮影：藤岡直樹（1）、眞田造形研究所

1・2｜コンセプト・アート・ワーク
会場の壁に展示した作品「なりつつあるもの」。ひとつの種からはじまった生命が、蔓植物のように螺旋を描き、天空（太陽の光）を目指している。鶴岡真弓氏の文章から眞田が文様造形作品を制作。この作品を主軸に空間を構成。

3｜変化する空間
光の復活を祝う「冬至祭」を体感する白の空間。中央には冬至の樹であるイチイをイメージし、縄を手で組みながら造形した作品「糸の樹」を展示。会期中は作品と文章が変化し、鑑賞者が作品に関わることでも空間が変化。

4｜鑑賞者と空間をつくる
無印良品店舗内の会場であることを考え、参加型の企画を実施。作品に願いを書いた紙を「むすぶ」、吊るした木片を鳴らし木霊が「めぐる」、冬至日の朝の光を込めた糸を「むすぶ」などして鑑賞者と協労。

5｜手で作品空間をつくる
作品は眞田とスタッフの手によって仕事場で制作。「なりつつあるもの」は細い紐を撚りながら手組み。「糸の樹」は縄を環状に組み、会場搬入後に天井に枝を張り巡らせて大きな樹に包まれているような空間をつくる。

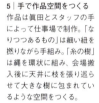   

6｜文物が一体になり空間をつくる
「なりつつあるもの」は鶴岡氏の壁一面の文中に設置し、広がりをもたせた。造形物の変化とともに、多摩美術大学芸術人類学研究所による冬至についての画像と文章も三期それぞれに展開。文字と造形物が一体となった空間に。

リアル×バーチャル
100年後につくりたい空間は？

「歪んだ」空間。歪みある心震える空間をつくりたい。空間は人の内と外に広がる。表皮の内にある「空（くう）」は生命の場で、その人自身が生きている証でもある。100年後の人工物は、人工知能の進化により正確で精巧なものになるだろう。そうした時代に、人に応じた歪みがある「空」をつくり出してみたいと思う。大空間を歪んだ「衣」でつくり、「空」の間を人々と共有することで心躍り、心震える感動を分かち合いたいと思う。

上｜内に開かれた「空」イメージCG
下｜外に開かれた「空」イメージCG

祭｜歓

歓を体感する

城 康弘
Jo Yasuhiro

「世界の人々に夢と感動と笑顔を」の理念のもと、常に美しく楽しく多くの人に歓んでいただける演出の創造を目指している。人が体験するシーン・空間を思い浮かべながら、そこにどんな演出を展開したら驚きかつ喜んでもらえるかを想像することが発想の原点になっている。いつも、思い描いた空間に合った演出をストーリー化し、起承転結に照らして展開する。空間を構成する物たち、天井、壁、床、什器、オブジェ、屋外であれば地面や外壁、何もない空間などに映像、音、光または水、煙、振動、風、匂いなどをどのような形で当てはめて行けば、その空間で効果的な演出が展開できるかを考える。あるいは、空、海、動植物などの自然界、空想の世界の中から人を惹きつける要素を引っ張り出し、発想の展開につなげていくこともある。

永代供養墓天下廟鳳凰
プロジェクションマッピング

墓参者を出迎える
光と音と映像の空間演出

現世に現れた鳳凰は、現世と来世の橋渡し役として故人たちに代わり「会いに来てくれてありがとう」という感謝と歓迎を墓参者に表す。

愛知 名古屋｜2015年5月｜ミュー
プロジェクションマッピング｜撮影：城 康弘

1・3｜壁面に飾られた鳳凰が飛翔
動くはずのないレリーフが生命を吹き込まれたように蘇り、墓参者をいざなうかの如く場内を飛翔する。鳳凰がレリーフに戻ると演出照明とともに納骨函が祭壇に現れる。

2｜2台のプロジェクターによる演出
鳳凰レリーフが動き出す様子に、映像を重ね合わせていく過程。空間が狭く、1台では投影範囲が狭いためプロジェクターを2台使用。鳳凰が飛び立ち、空間途中に消えるまでを1台、暫く間を置いて別空間から再び現れ、360度回って来たかのようにレリーフに戻るシーンで1台の計2台を使って表現した。

4｜発泡スチロールによるレリーフ
今にも飛び立とうと羽を広げた格好の鳳凰を、発泡スチロールで浮彫彫刻し、室内に溶け込むよう壁と同じ色や材質感に仕上げて設置。

リアル×バーチャル
100年後につくりたい空間は？

過去体現空間

体内に埋め込まれた超小型リアル記録装置は、映像音声だけでなく身体への圧力や匂いも記録されている。全身を包み込む空気膜で、無重力状態に浮遊しながら、己のこれまでの人生の過去をバーチャルに再現する空間。体感・触覚・嗅覚にも訴え、当時の記憶を鮮明に再現させる。過去体現の超リアルエンターテイメントを楽しむとともに、過去の反省を促し、これからの人生の道標とする空間。

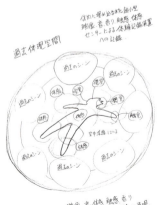

旅
たびする

物見遊山と観光空間
旅人はいかに未知の空間に順応するか
周遊と逍遥
異空間
環境に順応すること

Interview │ 旅

探検家が知っている
旅と空間

石川直樹
Ishikawa Naoki

Profile

写真家。1977年東京生まれ。東京芸術大学大学院美術研究科博士後期課程修了。人類学、民俗学などの領域に関心をもち、辺境から都市まであらゆる場所を旅しながら、作品を発表し続けている。日本写真協会新人賞、講談社出版文化賞、土門拳賞、開高健ノンフィクション賞など多数受賞。初台オペラシティをはじめ全国6館を巡回した個展のカタログ『この星の光の地図を写す』(リトルモア)など著書多数。都道府県別47冊の写真集『日本列島』プロジェクト(SUPER LABO×BEAMS)も進行中。

空間とは自分を
変化させていく対象

「空間」というとあらゆる場所が当てはまるので、それについて語ることは、なかなか難しい。何から話せば良いのかと考え込んでしまう。ただ、極地から砂漠、高所、都市の雑踏まで、それこそ地球上を水平方向にも垂直方向にも移動してきた自分の場所に対するあり方という切り口でなら話せることがあるかもしれない。

僕の場合、旅する先は厳しい環境が多い。つい先日もネパールのヒマラヤ山脈にあるアマダブラムという標高6800mの山に登り、テントを張るのさえ難しいような場所に1カ月ほど滞在していた。そんな旅だから、自分で空間をつくり変えるというよりは、その空間に合わせて自分自身を変えていくという感覚がある。寒い場所に行けば、身体が温かくなるように血流を良くしたり食事の内容を考えたり、呼吸の仕方を少しずつ変えていく。高所順応が、まさしくそうだ。酸素が薄いところに自分の身体を慣らし、変化させていく。その空間に合わせて、自分を適応させていかなければならない。

それは人やコミュニティに対しても同じだ。旅人はいつも、すでにあるコミュニティの中に入っていくマイノリティの存在だ。だからこそ、相手の文化や価値観を見つめ、それを邪魔しないように近づき過ぎず、離れ過ぎず、適度な距離を取りながら入っていく。そうして自分を変幻自在に保つのだ。僕にとっての空間とは、自分をそこに合うように変化させていく対象という意味合いがあるのだと思う。

伝えきれない経験の一端を
写真でどう伝えるか

今、関心をもっている空間といえば、写真展

だ。写真は2次元の紙上に浮かび上がってくる像だから、それによって経験をそのまま伝えることは絶対にできない。僕がヒマラヤで体験したこと、地球の多様な環境に身を置くことで感じる身体を使い果たすような感覚は、何事にも代えがたく、いくら言葉を尽くしても伝えきれるものではない。それでも、その一部分でも誰かと分かち合えたら、その人の気持ちを揺さぶることができたらと、写真展をしたり写真集をつくったりしている。

特に写真展では、自分の経験の一端をどう伝えようかと、いつも苦心する。以前、作品を並べるだけでなく、指向性スピーカーを設置して、ある場所に立つと音が飛んでくる展示をしたことがある。そんなふうに視覚だけでなく、五感や知覚、身体全体に訴えかける写真展に、これからチャレンジしてみたいと思っている。写真展をもう一段階、別のステージにもっていきたいのだ。

旅に出る理由、その原点にあるもの

子どものころから本を読むことが好きで、その中で想像の旅をしていたことが、僕にとっての旅の原点ではないかと思う。冒険や探検の本、世界名作全集などを通学途中の電車の中で、いつも読んでいた。影響を受けた本には、冒険家・植村直己さんの『青春を山に賭けて』（文藝春秋）や指揮者・小澤征爾さんの『ボクの音楽武者修行』（新潮社）、カヌーイスト・野田知佑さんの本など、旅の本が多い。写真家の星野道夫さんの本に影響を受けて、アラスカへ行ったこともある。旅の始まりには、いろいろな本の存在があった。そういう本を読んでいると空想もするけど、自分でも行ってみたいと思うようになってくる。自分の目で見て、耳で聞いて、身体で感じたい、自分をその場所に置きたいという気持ちが、僕は人一倍強いようだ。

実際に海外へ出たのは、高校2年生の夏休み。1カ月間、インドとネパールに行った。そのとき、世界はこんなに多様なのだと感じて以来、20年以上も旅する生活を続けている。

身体を通して世界を知覚していたい

今、話したように、僕は自分の目で見て、耳で聞いて、身体で感じることをモットーにしている。インターネットで検索すると知ったつもりになることがあるが、実際にその場に身を置くことで得る情報量やとらえ方、感じ方は、それとは全く違う。知ったつもりになって、いろいろなことを切り捨ててしまうと、時間が矢のように過ぎて、「1年、あっという間に終わっちゃう」などと話すことになってしまいかねない。逆に赤ちゃんや子どもは、時間の流れが遅い。すべてのものが初めてだから、触って、匂いを嗅いで、なめて、ひとつ一つ世界を知覚し、ひとつひとつに驚いている。それが楽しいのかどうかはわからないけど、毎日が冒険みたいなところがあるのだと思う。

僕もいろいろなことを自分で知覚していきたい。自分の身体を通じて翻訳し、自分なりに腑に落とすことを大切にしていたいのだ。写真のシャッターも身体が反応しなければ切ることはできない。「ここで撮ろう」と思うのは、身体が反応するからであり、驚きがあるからだ。いろいろなものを切り捨てるとシャッターも切れないし、写真を撮る枚数も減ってしまう。わかったつもりにならないで、ゼロの気持ちで目の前のものと向き合いたいと、いつも思っている。

旅｜和

対極の間(あいだ)に生まれる間(ま)

武石正宣
Takeishi Masanobu

星のやバリ
神・自然・人の調和を重んじる伝統的な空間

ウブドの自然にある深い闇の中で、天に瞬く星と共存できるような居心地の良さを追求しながら、印象的な照明デザインを目指した。建物にある意匠的な明かりはバリの伝統工芸と融合させ、陰影のある落ち着いた雰囲気になるように心掛けている。

インドネシア ウブド｜2017年1月
東環境・建築研究所｜建築・内装・ランドスケープの照明計画｜撮影：ナカサ＆パートナーズ

1｜渓谷に佇む建物
神聖な場所、プクリサン川の一帯。渓谷の風景に溶け込む「星のやバリ」。

2｜ヴィラとプール
すべてのヴィラは約70mにわたる運河プールに面しており、プライベートプールとパブリックプールが緩やかに一体化している。

旅から感じるイメージは「リアル」である。ある書籍で有名エディターと音楽プロデューサーが、何かで聞いたりテレビで観たりしたことではなく、自分たちが実際に見たり感じたりしたことだけをテーマに連載しており、その内容にひどく共感を覚えた。旅に出るということは、まさに「百聞は一見にしかず」で、自分の経験が直接響いてくる。25年前に初めてバリを訪れた際、バリの日常生活の光の暗さを目の当たりにして驚いた。陰翳礼讃の世界がそこにあるような感覚であった。今では観光地となったバリだが、リゾート空間とは実に至る所に闇が存在する。
星のやの照明計画に初めて携わったのは2005年の軽井沢。その環境にバリの光を落とし込もうとイメージしていた。小さな光をていねいに配置していく方法だ。
2015年に星のやバリを照明計画するときも、25年前に体感した概念から、いざ計画してみると、いつも暗いと言われている照明計画も、柔らかさをもった少々明るい計画になっていたのには、これもまた驚いた。
旅の経験は一過性のものではない。時間が経っても自分の中に巡るものではないか。

3｜印象的なヴィラの明かり
木製カービング（透し彫り）を照らし出す上下の間接照明や鉄を叩いてつくったペンダントライト、バティック布のスタンドライトを配置した印象的な明かり。

4｜木製カービング
木に透かし彫りを施したブラケットライト。繊細な表情の光がもれる。

5｜足元を導く明かり
屋外手すりの方立に仕込まれたフットライトは優しい明かりで足元を導いてくれる。

6｜石材カービング
点在する石材カービングの屋外フロアスタンド。印象的な造形と光のコラボレーション。

リアル×バーチャル
100年後につくりたい空間は？

量子的光空間

現在、研究が進められている量子コンピュータは、この先20年ほどで解析スピードが従来型パソコンの1億倍の速さになるそうだ。コンピュータの解析やコントロールには、必然的にAIが中心になってくるだろう。現在の照明計画では、照明器具の電力・照度・配光角度・色温度などをひとつずつ考えるのだが、100年後となれば体験値や照度分布などを参考にせず、光の量子「小さな単位であるPhoton」をひとつずつ解析したもので空間が構成できるかもしれない。

063

旅 | 映

自然現象を切り取る視線

挾土秀平
Hasado Syuhei

デザインを考えるのはとても好きだ。ビビッドな色合いも嫌いではない。しかし「ここぞ」という空間は、飽きのこない長い時間をもつものであってほしい。その空間に静けさをもたせたい。左官である自分は、壁をつくることで、空間をつくる。その壁は、深く見入ることもできるが、ときには見逃してしまうような存在でありたいのだ。そうしてこそ、人々の暮らしの背景となるだろう。

壁には、素材に加えて、偶然の現象を用いたいと考えている。そのヒントは自然にあるのだ。身の回りのさまざまな何気ない無限の風景から、あるその一瞬を切り取る視線。自分は日々、それを獣のように探しているような気がしている。その一瞬を見つけることができたなら、その風景の現象をどうつくるかの試行錯誤が始まるのだ。

現象を生み出すための「設定」をどうするか、無作為の表情を引き出す作為。天から完璧なデザインを与えられた自然の一瞬に、ひとつだけ自分の作為を付け足すことで、自分の表現としての壁が生まれる。

アマン東京　11月の蔓

世界に届く、日本人のネイチャー

世界中でリゾートやホテルを運営する企業にとっても、初めての日本、初めての都市型ホテル。ガラスや石材など正確で堅固な素材の空間にあって、設計者からはネイチャーという言葉がコンセプトとして与えられた。有機的な自然を感じさせる、凸凹やムラやねじれを愛でた日本人。その感覚を、壁として立ち上げた。

東京 大手町｜2014年4月｜大成建設
壁面左官｜撮影：挾土秀平、写真提供：アマン東京（1）

1｜ゲストを迎える壁
アマン東京の33階ロビーのレセプションデスクの背面に位置する「11月の蔓」。

2｜生きているような蔓
完成した塗り壁の中に、野生の蔓は半分埋もれ、もぐり込み、ときには浮き上がっている。

3 | 第一段階のサンプル
まずは、小さな枠にいくつものサンプルをつくり、羅列してクライアントにプレゼンテーションすることから始める。

4 | 試作品第一号
サンプルの中から選んだデザインの試作品をつくる。

5 | 最終サンプル
何度も試作を重ね、最終的に完成したサンプル。これをもとに本番の制作に臨む。

6 | 図面に描けない現場感が、心震わす
まず、自然の蔓の癖をこちらが受け入れなければならない。しかし、こちらの意に沿わない蔓は切り落とす。最も緊張するのはそれを見立てる時。あらかじめ図面をつくることはできない。現場での一期一会。完成に現場感があるものは心震える。それはなんらかの形で見る者に伝わっているものだ。

リアル×バーチャル
100年後につくりたい空間は？

蜘蛛が空中に糸を吐き網を編むように、蚕が糸で楕円のドームを形成するように、100年後、糸を吹くように空間を塗りたいと思う。ヘラのような道具から無数の糸が吹き出され、水平や垂直の線が消え、繭の空間を生み出すのだ。繭の空間は、安堵の空間。生命の変態の器となって、人々を包み込む。

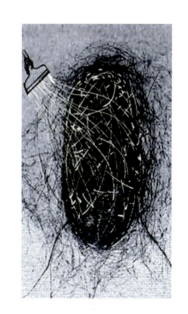

065

旅｜融

空間と演出の
シームレスな関係

高橋久弥
Takahashi Hisaya

静岡県富士山世界遺産センター
富士山の実像と映像の協奏

坂茂氏デザインの建築が水盤に美しい富士山のフォルムとして映し出される。内部に入ると、疑似登山体験としてスロープを登りながらさまざまな風景を体感できる。建築の上部まで登ると、実際の富士山が建築にフレーミングされた絵画のように眼前に広がる。富士山の実像と映像がひとつの文脈の中でシームレスに協奏している。

静岡 富士宮｜2017年12月｜丹青社
ミュージアムデザイン｜撮影：平井広行（1,2）

1 ｜ 木格子の外壁の「逆さ富士」の建築
建物のライトアップは、季節ごとの演出により、変化する富士山の姿を表現している。（照明デザイン：ライティング プランナーズ アソシエーツ）

2 ｜ 疑似登山体験のデザイン
最大8面マルチのタイムラプス映像による空間演出。昼夜の風景の変化や、自分の影に登山者の影が重なる登山体験の演出。

国内外の展示施設には建築空間と内部の展示演出がミスマッチで強い違和感を生じているものが多くある。これは建築デザイナーと展示デザイナーのコミュニケーション不足が原因である。もちろんプロジェクトへの参画のタイミングに時間差があるなど、さまざまな状況はあるが、私はその場の文脈を空間化する建築デザイナーの思いと、展示のコンテンツを編集し、空間演出を仕掛ける自らの思いを合致させることを常に心掛けている。展示デザインは説明的ではない直感に訴える「体験のデザイン」であるべきと考えている。建築と展示が融合して「空間体験のデザイン」としてパワフルな一軸となることが、来場者にとっての豊かな空間体験を導き出すと信じている。

山頂
登山者のシルエット演出
展望ホールへ
五合目〜森林限界
森林限界〜山頂
登山者のシルエット演出
平地〜五合目
アトリウムより
海から見た富士山

3｜193mのスロープの登山体験
「逆さ富士」の建物内の壁面に富士山の風景が投影される。来館者はスロープを上がりながら、海から見た富士山、五合目から見た景観、森林限界、山頂といった標高による景観の違いを体感することができる。

4｜3次曲面の壁面への投映検証
水平軸垂直軸とも合致しないスロープの傾斜壁面に、いかにクオリティの高い映像を映し出せるかを徹底的に検証した。
ⓐ CGによるプロジェクターの位置の検証
ⓑ 木製原寸モックアップによる投映実験
ⓒ 現場での投映によるブレンディング調整
ⓓ 投映された様子

リアル×バーチャル
100年後につくりたい空間は？

メビウスの輪や二重らせん構造のように、始まりと終わりのない世界に、リアルな空間とバーチャルな空間をシームレスに連続〜反復させ展開させる。
そして空間の境界や演出手法の境界、あらゆる境界を曖昧な状態にする。
空間の体験者は「自分は今どこにいるのか？自分が感じているこの空間は現実なのか？」といった感覚で揺らぎの世界の中を気持ちよく浮遊する。

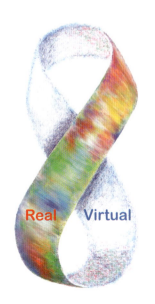

Real　Virtual

067

旅｜間

巨大な光の膜と間

小坂 竜
Kosaka Ryu

日本では「間」という独特な概念がある。単純な2つのものに挟まれることだけを意味せず、「人間」「時間」「空間」などにも間という字(概念)が入る。物事、現象、人との関係、時においても向かい合う、2つのものの相互関係を重んじてきた。空間づくりに関しては余白、余韻というように割り切れない場の概念がある。目指す空間は、人と時が介在しながら余韻がある場である。「ホテルW広州」のデザインには、2つの手法を用いている。ひとつ目は巨大で無機質なガラスのカーテンウォールを、やわらかく有機的な光の膜で覆うこと。無数の光ファイバーによる膜は、色や点滅の速度が制御され常に変化しながら煌めき、ゲストを光で包む。外部に対しては有機的に煌めくファサードとなり道行く人々を魅了し、招き入れる。2つ目はその光に包まれた空間に水平垂直の床と壁を挿入すること。それにより分割され個々のスペースは、それぞれ密度やテイストの異なる「間」を生み出し、さまざまな表情で出迎え、ゲストはファッションのように気分に応じて空間を選ぶことができる。

W Guangzhou FEI／W 広州 FEI
ゲストを包み込む光のキューブ

中国本土初出店となる「ホテルW 広州」。ファサードに浮遊する三面ガラス張りの極めて大きな立方体のラウンジバーで、一辺の長さが18mある。日々進化し発展している中国・広州において既存のものはすぐ消費されてしまう。インパクトがあるだけでなく、全く新しいエモーショナルな価値のある空間を創造することを狙いとした。ここは訪れたゲストを日常から離脱させ、特別で体験したことのない時間と空間を提供する光のキューブである。

中国 広州｜2013年7月｜A.N.D.｜設計
撮影：ナカサ＆パートナーズ

1｜ファイバーによる光の膜
狭いエントランスから、ゲストは光の膜に包まれた大空間に誘引される。光は、ゆっくりと点滅しながら色を変化させる。光は手作業で傷をつけたファイバーを束ね、その周りに均等にテグスを配置し、光を反射増幅させるという緻密な手法により、最小限の光源で壁面全体を満遍なく奥行きを感じるように光らせている。

2｜天高の異なる空間
スカイバーの床下にあるバーラウンジエリア。大空間の中の天井の低い空間に、有機的なフォルムのカウンターを中心に人が集う。周りはすべて光の膜。光の膜のファサードは、日中において透明感のあるスクリーンとなり、日差しを和らげる効果をあわせもつ。

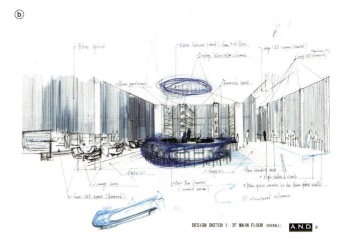

ⓑ

ⓒ

リアル×バーチャル
100年後につくりたい空間は？

100年後の茶室

15～16世紀から現代まで、脈々と続く茶の歴史。その本質は変わらず、人（主）が人（客）をもてなす。100年後は遠い先なのか、変わらない未来なのか。空間として茶室を考えてみたい。

3｜空間の考え方
20㎡のキューブ状の空間に、垂直な壁と平らな床をつくり「場」をつくる。三面の窓面を光の膜で覆う。

ⓐ 空間のイメージ：満点の星、舞い降る粉雪。
ⓑ カウンターまわりのスケッチ検証。
ⓒ 初期のスカイバーとラウンジのスケッチ。
ⓓ 原寸での光ファイバーモックアップ検証
ⓔ 現場写真

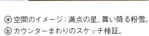

旅 | 響

響応し生み出す豊かさ

松浦竜太郎
Matsuura Ryutaro

福岡空港国内線ターミナルビル「greenblue」
PORTからPARKへ、愛される空港へ

プロジェクト進行中の福岡空港国内線ターミナル「greenblue」。公園化構想を元に全体の再整備が進む中、環境計画から各ゾーンの空間デザインまでを担当した。パブリック空間と商業空間をゆるやかにつなげて開放感と連続性を生み出し、旅行客はもちろん市民が集えるヒューマニティ溢れた場を目指している。

福岡 博多 | 2021年（予定）
乃村工藝社 | 環境デザイン | 撮影：ナカサ＆パートナーズ

1 | the foodtimes
フードホールの壁に飛行機のレアなパーツを展示し、ミュージアムのような客席空間を計画。飛行機の機材に身を包まれながら、非日常的な時間の中で、新しい発見や会話がはずむ場を生み出した。

デザインする際には、案件となる場を豊かな存在へと変化させ、そこへ身を置くことで得られる気持ちの高まりを創造することを機軸としている。そのためには、クライアントとの対話を積み重ね、本質や課題をつかみ取り、立地のコンテクストを読み取りながら、一番ふさわしい形に成就させなければならない。そこで身体的で感覚的な面からのエモーショナルなアプローチと、ブランディングやコンテクスト、歴史などロジカルなアプローチ、その両方を交互に織りなし、バランスを保ちながら進めるよう心掛けている。現在取り組んでいる福岡空港でも、利用者の気持ちを豊かにすることができるような場を目指し、上記のように本質や課題などさまざまなことに響応しながらの計画を行い、この地ならではのアイデンティティを与え、成長を支えている。

リアル×バーチャル
100年後につくりたい空間は？

BORDERLESS PARK

自然と都市が共存する場。膜がさまざまな物質に変化する多面建築。バーチャルを超えて、限りなくリアルな現象を生む。場所を限定しないボーダレスな環境を生み、田舎と都会の生活のどちらも、どこでも体感できる。都市で働きながら郊外の暮らしを味わうことができるし、郊外では、過疎化という言葉が過去のものとなるかのように、若者も集えるような感度の高い場を一瞬で生み出す。「パーク」の概念は100年後にはもはや変化し、我々の子孫が暮らしやすい環境になる願いも込めて、人も自然も心地良く共存しながら心や感性を育む、豊かな空間のことを言うようになるのではないだろうか。

2｜コンセプトイメージ
屋上庭園を中心に、空港全体が一体的なパークとなる公共性の高い憩いの場をデザイン。休憩スペースや、植物と触れ合える場を随所に計画した。旅行者にも市民にも愛される空港を目指している。

3｜パブリックスペース
無垢材をずらしながら積層し、ランドスケープの起伏を彷彿とさせる場所を計画。机、椅子、遊具など自由な使い方ができ、能動性や創造性を誘発する楽しい場となることを意図した。

4｜屋上庭園イメージ
福岡市内の街並みの計画条件により、広範囲の空が空港最上階から望める。そこで、屋上庭園は「空の特等席」としてとらえ、空を見ることの価値を最大限に高めるたくさんのスポットを計画した。

旅｜拝

空間・時間・人間を巡る旅

澁谷城太郎
Shibuya Jotaro

富士山は、山頂から山麓の湖沼や神社など、25カ所の構成資産によって世界文化遺産に指定登録された。古代〜中世から人との関わりが深い富士山だが、富士講という民衆信仰の広まりによって、富士山詣は近世に最盛期を迎える。江戸時代は旅が庶民に開放された時代。富士山を訪ね拝むには、登拝・巡拝・遙拝という3つの方法があった。山頂へ登り拝む登拝。お鉢と呼ばれる山頂火口の縁、御中道という山腹、内八海・外八海といった山麓の湖沼を巡り拝む巡拝。遥か彼方から富士山を眺めて拝む遙拝。実に多元的なアクティビティがあった。展示空間は、この3つの旅のほか、聖地として生／死の疑似体験装置だった富士山を五感で体験する仕掛けに満ちている。

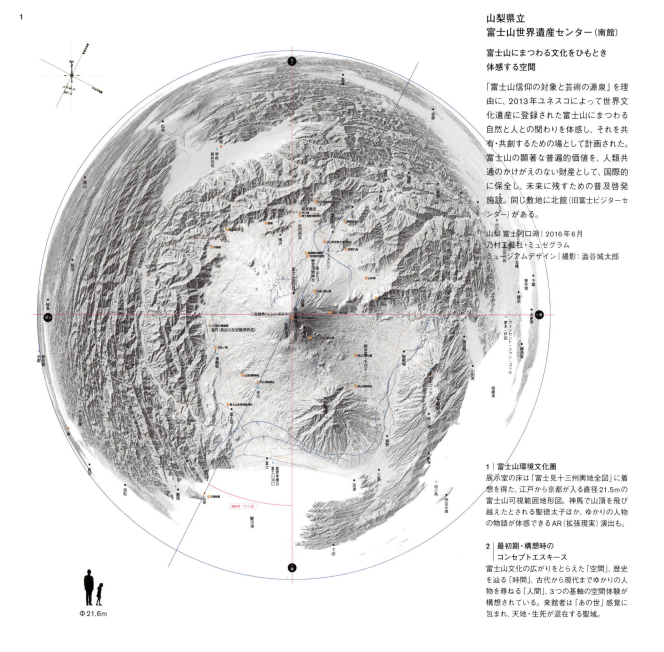

山梨県立 富士山世界遺産センター（南館）

富士山にまつわる文化をひもとき体感する空間

「富士山信仰の対象と芸術の源泉」を理由に、2013年ユネスコによって世界文化遺産に登録された富士山にまつわる自然と人との関わりを体感し、それを共有・共創するための場として計画された。富士山の顕著な普遍的価値を、人類共通のかけがえのない財産として、国際的に保全し、未来に残すための普及啓発施設。同じ敷地に北館（旧富士ビジターセンター）がある。

山梨 富士河口湖｜2016年6月
乃村工藝社・ミュゼグラム
ミュージアムデザイン｜撮影：澁谷城太郎

1｜富士山環境文化圏
展示室の床は「富士見十三州輿地全図」に着想を得た、江戸から京都が入る直径21.5mの富士山可視範囲地形図。神馬で山頂を飛び越えたとされる聖徳太子ほか、ゆかりの人物の物語が体感できるAR（拡張現実）演出も。

2｜最初期・構想時のコンセプトエスキース
富士山文化の広がりをとらえた「空間」、歴史を辿る「時間」、古代から現代までゆかりの人物を尋ねる「人間」、3つの基軸の空間体験が構想されている。来館者は「あの世」感覚に包まれ、天地・生死が混在する聖域。

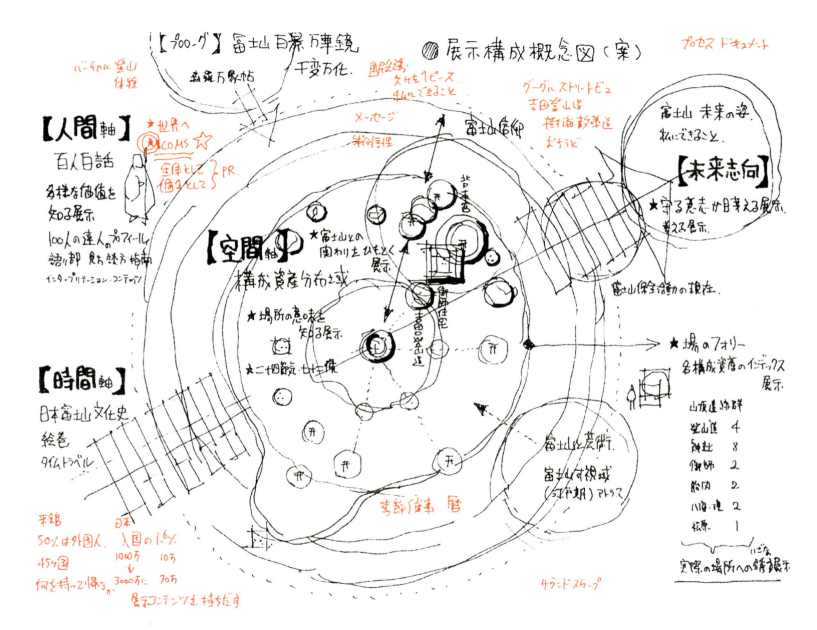

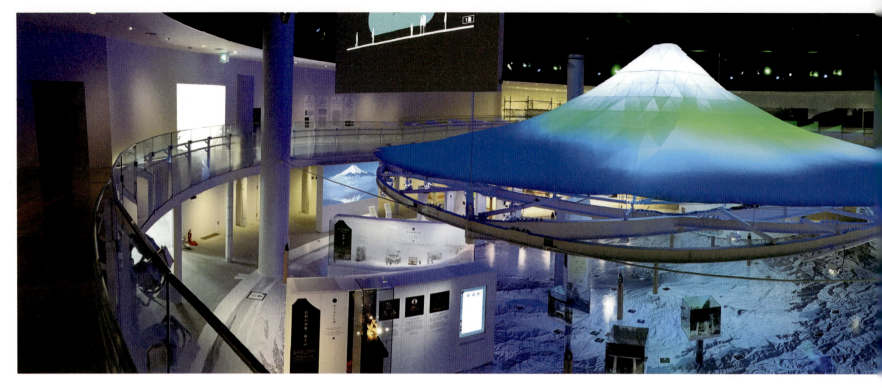
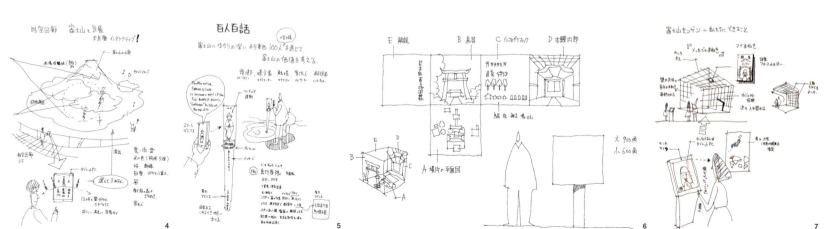

リアル×バーチャル
100年後につくりたい空間は?

リアリティとバーチャリティが統合された情報環境を表す「ユニゾリティ」なる造語を、前書『空間創造発想帖』（2009年・六耀社発行）ほかにて、10年以上前から用いてきた。そのころから「創造」や「知覚」を主題としたミュージアムをつくりたいという展望をもち続けている。そこでは古代から未来までの「創造」を扱う。新たな「創造」が想起されるアトリエだ。そしてあらゆる空間はミュージアム化する。

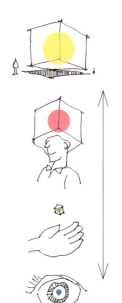

3｜展示室全景
2階の「御中道回廊」から展示空間に浮く山容を仰ぐ。山体には、四季の情景や、江戸期の宝永噴火が光と音で再現される。眼下の床面は、当時に肉眼で富士山を視認できた江戸から京都まで、富士山文化圏の広がりを示している。

4｜冨嶽三六〇
エスキース
山体の厳密な形をポリゴンで再現し、和紙によって再現した富士山。眺める場所によって形が異なる富士山を、360度の角度から発見できる。設計初期には、四季や気象をタブレットで操作できるアイデアがあった。

5｜百人百話
エスキース
富士山にゆかりの深い古今東西の人物を100人抽出。それぞれの物語をスマホアプリと連動したAR（拡張現実）技術で出現させるアイデアのメモ。制作に当たりナレーションを関係者で分担することに。私は日蓮役。

6｜浅間神社箱
エスキース
神社の空間と機能を分解し、ガラスの立方体に再現するアイデア。地図上の各登山道の起点に位置する浅間神社を、それぞれの特徴を比べながら見て回ることができる。スマホを向けると、神事がARによって出現する。

7｜富士山センゲン
エスキース
江戸時代、富士講信者が登拝する際「マネキ」と呼ばれる御札を奉納したことになぞらえて、富士山世界遺産を未来へ受け継ぐメッセージを記入投稿・閲覧共有する展示装置を考案した。ウェブから見ることもできる。

8｜八葉めぐり
モンタージュ
お鉢とも呼ばれる山頂火口周縁を巡拝する旅を解説するための展示のためのロケハン。山頂を内側から撮影してつないだコラージュ。八葉とは八つの峰々をハスの花に喩えたもの。それぞれに仏がいる。左端上が最標高点。

Column

これも空間デザイン？

成田英樹
湯浅 忠
大森あき子
執行昭彦
土井啓郁

ストーンヘンジ

先史時代の「超」空間デザイン
成田英樹

ストーンヘンジ。その正体は未だ不明だが、非正統派の見解まで含めると、①天文台、②儀礼的祭壇、③女性器、④通信装置、⑤ガイアエナジー抽出装置など、科学的なものからオカルトまで幅広く、奇異な形状に創造力がくすぐられる。
正体が何であれ、空間デザインとして解釈するならば、「無垢な大地と民衆のエネルギーを結束し、その空間の価値を根本的に変えた演出装置」と言っても差し支えないだろう。
誰でもない、先史のデザイナーが設計し、エンジニアが完成させた。さらに1000年周期で機能更新と改修工事を続けたという、計り知れない時の流れと、古代人の行動力に驚愕させられる。その「超」空間デザインの価値は、古代人の生命力を奮い立たせ、苦境を生き抜き、人類史のマイルストーンとなった。同じ空間・装置クリエイターとして、その創造・実行力に敬意を払うと共に、いつの日か謎が解けることを願う。

写真：起立した石は、最大で長さ9m、重さ50tにもなる。建設時期は、周辺遺構まで含めるとB.C.8000年まで遡る。

ダンボールハウス

自己領域の把握
湯浅 忠

工作好きの息子が催促するので、半畳ほどのダンボールハウスをつくった。床材を敷き、屋根をかぶせ、開閉式の窓も付けた。息子は喜び、中に入って窓から顔を出している。招かれたので私も中に入ってみた。大人は仰向けで入るしかないが、そのせいか、入ってしまうと天井が高く、遮断された空間で周囲の音も遠く聞こえ、窓から光が差している。落ち着く。悪くない。日頃から広い家や宿がいいと思うが、この限られた空間が落ち着くとは。自己領域が把握できるのがいいのかもしれない。そして外から見るハウスと、中に入って感じることに差異がある。そのギャップが、「意外」となり「心地良さ」につながっているのだと思う。それから、しばらく見ない間にハウスには煙突が付き、離れが増築されていた。息子が領域を広げ、どんどんリフォームされていく。

図：ダンボールハウスの天井を見上げ落ち着く。

盆栽

二次元＝アニメ世界で例えて
大森あき子

空間に「何か置いて」というオーダーに、多用する傾向の和物や盆栽。最近は「盆栽の威を借るデザイナーかな？」と自負している。
樹齢数百年は優に越える樹木に、細やかに手の入った有形美。長い年月をかけて鉢に収まるサイズの風景をつくり上げる。
盆栽の魅力は一見わかりにくいものだが、わかったふりして褒めちぎる観光客。そして日本人。仕事でご一緒する若いアニメーターから「盆栽やっぱりわからないわ〜。良さを二次元（アニメ用語）で例えてもらえたらわかるかも」。う〜ん、見た目は少女のようであるが、実年齢がずっと上のキャラクターだから、「例えるとロリババア※かな」。この説明ですっきりわかっていただけたようだ。

※ロリババア＝見た目は少女のようであるが、実年齢がずっと上であるキャラクター。

写真左：彦根城の見えるテラスのクリスマス装飾。
右：京都にある焼肉店内のガラスケース（人工樹木）。

庭

現代の借景
執行昭彦

修学院離宮、天龍寺曹源池庭園や足立美術館のように、人工物が視覚的に入らない完璧な形の「借景庭園」は確かに素晴らしい。向島百花園から見るスカイツリー、小石川後楽園越しの東京ドームや、浜離宮恩賜庭園の背景に展開する汐留ビル群も、かつては景観を台無しにする邪魔物だと思った。
しかし、エリアの限られた庭園の背景に現代のデザインがある風景も「乙なもの」だと思えるようになった。

現代人が古臭いと思っている著名な日本庭園も、創出当時は前衛芸術であったはずだ。有機的な自然と無機的な現代の工業素材のテクスチャーとが、対比として共存することの方が、それぞれを映し合う意味で面白味を感じる。

写真上:天龍寺曹源池庭園。背景の嵐山は渡月橋を渡らないと行けない距離にあるのだが、すっかり馴染んでいる。写真右の白線は庭園と背景の境界を示す。／下:浜離宮恩賜庭園。池に映る高層ビル群も美しい。

机上

創造は混沌の中から
土井啓郁

常備されたモニターの左手にノートPC、右手に資料を配し、マウスを駆使してマルチモニターで確認。資料と本に埋もれそうなキーボードとデスクトップ、「創造は混沌の中から」資料をかき分け作業スペースをつくり出していたのは過去の話。オフィスではフリーアドレスを導入。毎日クリアデスクが義務付けられ、必要な資料だけ取り出し作業する。なんて効率的！とは思うが、積読派だった当時、なんとなく手に取った書籍の中に解決の糸口が……そんなことは期待できない。い

くつも用意されている異なるタイプのワークスペースも、ほぼ毎日同じタイプのチョイスと冒頭のルーティン。ただ周りのメンツは毎日変わる、解決の糸口はこの多様性の中にあるのだ！と言い聞かせる今日この頃……。

写真:さまざまなタイプのワークスペースが用意されている。それでも使うのは専らこのタイプ、この配置。

遊
あそぶ

遊戯空間
遊びは学び
ゲーミフィケーション
記憶の記録
コミュニケーション環境
遊びをつくる

Interview | 遊

最新技術による遊びが、
時空を超えて人々をつなぐ

渡邉英徳
Watanave Hidenori

Profile
1974年大分県生まれ。東京大学大学院教授。情報デザインとデジタルアーカイブによる記憶の継承の在り方について研究。これまでに「ヒロシマ・アーカイブ」「ナガサキ・アーカイブ」などを制作。「データを紡いで社会につなぐ」（2013年）などを執筆。日本新聞協会賞（2016年）などを受賞。

遊びから始まった
リアルとバーチャルの融合

子どものころは、ファミコンが大好きだった。自分でキャラクターをデザインしたり、ドット絵の飛行機を頭の中で格好良い戦闘機にイメージし直したりして夢中で遊んだ。建築学科の学生だった90年代前半は、インターネット時代が幕を開け、そこに無限の可能性を感じていた。ホームページがつくれ、海外の建築家のウェブサイトを見られる喜びがあった。やがて3DCGが使えるようになると、バーチャル空間に大きな夢を抱くようになる。と同時に、その限界が見えた世代でもあるだろう。そのせいか私の研究はいつもリアルとバーチャルを結び付けようという発想になる。例えば、大学教員になって初めて取り組んだ「TUVALU VISUALIZATION PROJECT」。気候変動により海面上昇が深刻化している南太平洋の島国ツバルへの関心を高めようと、島の情報をデジタルの地球上に可視化することに取り組んだ。島民全員の顔写真を掲載し、クリックするとその人の考えを聞くことができる。また島民ひとり一人にメッセージを送ることもでき、世界のどの国の人が送ったかがわかるようになっている。このように仮想の地球をプラットフォームに、ツバルを地続きで感じられる仕掛けを施し、今、ツバルで起きていることと私たちのつながりを表現しようと試みた。

このプロジェクトがきっかけで、長崎県の被爆3世の若者たちから打診され、制作したのが「ナガサキ・アーカイブ」だ。これは被爆者の体験談や被爆直後の長崎と現在に至るまでの風景の変遷をデジタルマップにアーカイブし、原爆による被害や復興後の長崎の様子を、時空を超えて体感できるというものだ。これにもメッセージを送れる機能を設け、世界中からたくさんの平和へのメッセージが届いた。

未来に証言を残す活動

その後、「ナガサキ・アーカイブ」を新聞で知った広島の被爆2世の方から熱い手紙をいただき、今度は「ヒロシマ・アーカイブ」をつくることになる。私の中では、実はこれが最もうまくいった仕事だと思っている。というのもツバルや長崎のアーカイブは、もともと市や新聞社などが持っていたデータベースを整備してネット上に掲載したものだ。一方、広島の場合は、広島市の協力のもと、地元の女子高校生たちが被爆者の声を集めるところから始めている。彼女たちにはある程度の技術を教え、被爆者へのインタビュー映像を編集し、デジタルマップに載せるところまでできるようにした。

この取り組みの重要な点は、単にネット上にデータベースをつくっただけでなく、地元で高齢者と若者が力を合わせて未来に証言を残していく活動が生まれたことだ。そしてその活動が、さらなる新しい展開へとつながる。

「記憶の解凍」から生まれるコミュニケーション

今、私は「記憶の解凍」と称して、昔の白黒写真をAIでカラー化することに取り組んでいる。白黒写真には、現在の私たちとは掛け離れたところにあるように感じさせる何かがある。それをカラー化することで、過去の出来事をあたかも自分たちの時代に起きたことのように感じられるようにするのだ。例えば、広島に原爆が落とされたときのキノコ雲。あの白黒写真をカラー化すると、当日は青空だったことがわかる。それを見た私たちには、感じ入るものがあるだろう。

このカラー化の技術を「ヒロシマ・アーカイブ」の女子高生たちに教えたところ、ひとりが面白いことを始めた。原爆で家族を失った方が持っていた家族写真を、その方の目の前でカラー化して見せることを始めたのだ。それは遺族を喜ばせるだけでなく、当時の記憶をより鮮明に呼び覚ますことにもつながる。その生徒は、カラー化した写真を前に話を聞き、それをもとにさらに色補正を加えたカラー化写真を遺族にプレゼントした。この活動が地元で評判になり、ついには写真展を開くまでに至る。

これら一連の取り組みは、社会にただストックされているだけの資料を、カラー化やデジタルマップに掲載することで、私たちの身の回りに流れている情報にフローさせることだ。それによってコミュニケーションが創発され、結果、元資料の価値が高まり、社会全体で共有できる記憶に変わっていく。とはいえ、それは最初から意図したものではなく、アートと現在のテクノロジーの表現力によってできたクリエーションのひとつである。

遊びが創造につながっている

私自身は研究と言いながらも、どこか最新技術で遊んでいるところがある。遊びながら「この技術で何ができるだろう？」と考えるのだ。最近は特に戦災や災害の記憶を伝えることに興味をもっているが、そのためにAIやAR、デジタルマップの技術が有用だということは、後から気付いたことだ。広島の女子高校生も同じで、カラー化という技術で遊ぶ中で、戦前の写真をカラーにしたら喜んでもらえるかもしれないと思ったわけだ。だから、まずは技術と遊んでみること。その中から人間は、自然と何かを生み出す方へ向かうのだと思う。

遊視

見えていそうで見えていないもの

橋本典久
Hashimoto Norihisa

よく観察することから始める。頭で考えすぎず、手で考えるように心掛けている。言葉にならないけれど気になるものが眼の前に現れたとき、これはなんだろう？ と立ち止まってよく考え、ああこういうことなのかと腑に落ちることがあれば作品として発表する。写真作品であろうと単なる視覚作品にせず、体感できる作品を目指す。

主に写真について重点的に学んだが、誰もやっていなさそうなことがしたいと考え、方向性の定まらない試行錯誤の中で360度の球体写真「Panorama Ball」が生まれた。その延長で高解像度化という方向性が現れ、[life-size]が生まれた。近年は映画や小説など、人が制作した作品の裏側に潜む見えないリズムを可視化することに関心がある。

1

超高解像度人間大昆虫写真 [life-size]
小さな昆虫の高解像度画像を人間サイズで

野山で昆虫を採集、生きたままの状態で撮影し、人間サイズに揃えて出力する。スキャナを使用した撮影では、キアゲハなら3億画素以上のデータを持っている。作品に近寄ることで、鱗粉の1枚まではっきりと見える。「生命」から「大きさ」という物差しを引いて、揃えて展示することで何かが浮かび上がるはずだ。

橋本典久の世界 虫めがね∞（と）地球儀
東京 新砂｜2011年6月｜ギャラリーエークワッド
展覧会：撮影：光齋昇馬

1｜**ポスター撮影での気付き**
越後妻有アートトリエンナーレのポスター用に、十日町の美人林の中で撮影を行った。屋内では数作品並べないと、なんだか足りない感じになってしまうが、屋外だと1作品だけでも鑑賞に耐えるのが不思議だ。

2｜**ギャラリーエークワッドでの展示風景**
自然界に生きる昆虫たちは色彩、形態、生態ともに多様で驚くばかり。適当に描いたスケッチでは到底太刀打ちできない、現在まで生き残る勝利のデザインと言えるだろう。

2

リアル×バーチャル
100年後につくりたい空間は？

鳥の巣箱のような

1月に巣箱をつくり庭に置いてみた。夏の終わりに開けてみたところ、きれいに敷き詰められた巣材が残されていたが、産卵には至らなかったように見えた。苔などを大量に積み重ねて上はふかふかになっていて実に気持ちのいい巣に思えた。ここまでつくり込んでなぜ途中でやめたのか、伺い知ることはできない。
100年後の鳥の巣を想像してみたが、今と同じじゃないかなと思った。「つくってあげるよ」と言ったところで、「中は自分でやるから結構です」と言われそう。

3 | Breath, Stanley Kubrick, 2001: A Space Odyssey
映画のフィルムをトランプのように1枚1枚切り分けて、積み重ねてみれば、何か地層のような絵が見えるのではないかという試み。結果、監督の編集を横から見ているような生々しさが現れ、「Breathシリーズ」と命名した。

4 | Panorama Ball Vision
JSTの戦略的創造研究推進事業さきがけの助成を受けて開発した球体ディスプレイ。ライブ表示やパノラマ画像を提示するほか、惑星儀としても使用できる。写真は古い天球儀画像を壁面とディスプレイ上に表示した状態。

5 | Panorama Ball
光や視覚、場について考えていた学生時代、デイビッド・ホックニーのフォトコラージュと伊藤義彦のコンタクトプリント作品からインスピレーションを受けて開発した360度の球体写真。この作品はエッシャーの「反射する球を持つ手」のオマージュ。

6 | Voice, 宮沢賢治, 銀河鉄道の夜
小説全文を句読点で改行、中揃えにすると音の波形のように見えるのではないかという試み。そこには起承転結を指し示すような波形のうねりを感じることができた。文字はレーザー加工機で金属プレートに1ポイントの大きさで刻んだ。

083

遊 | 解

整理して読む

五十嵐瑠衣
Igarashi Lui

よく見て、整理していく。展示で語りたいことは何か、思考の文脈が形につながっていく。情報を集めて必要なものを見定め、具体的な形に変換する。設計を始めるとき、既にそこには条件や人の思いがたくさん潜んでいる。話を聞き、集めた手掛かりを紙に印刷してファイルに挟んでいく。ファイルをとにかく分厚くし、自分の辞書にして持ち歩く。疑問・要望・制約などを、スケッチとともに紙に書き溜めていく。

集めた情報をよく観察し、まとめたり引いたり眺めたり、あれこれ読み替えながら図面を引き、模型にして、頭の中で空間を歩く。それを繰り返しているうちに、散らかって見えていた要素がふいにつながり、ぴたっと収まる一瞬がある。「あ、ここだ、解けた」と思う。パズルのピースがすっとはまる感触、絡まった紐がするっとほどける感覚に似ている。この瞬間、条件や周辺のストーリーが昇華され、空間の骨格がクリアになる。アイデアがノイズにならないよう気を配り、伝える軸がブレないように、展示の純度と空間の精度を上げていく。こうして状況を読み解き、形を導き出す。

谷川俊太郎展
読むだけではない、言葉の体験

壁面に並べた詩を読むのではなく、詩人を通して作品を感じる言葉の体験をしてもらいたいと思った。音と映像の原初的な言葉の力、詩人自らが語る自己紹介と、そこに寄り添うものたち、詩が生まれる瞬間に立会い、今現在の言葉で来場者にメッセージを投げかける場面を、一冊の本を編むように、空間を構成した。

東京 新宿｜2018年1月｜会場構成
撮影：木奥恵三

1｜立体的な詩の柱
「自己紹介」という詩を手掛かりに、詩人の人物像を読み解く。一編の詩を1行ずつバラバラにし、ボリュームをもった立体的な詩の柱は、ものや言葉や音楽を内包し、空間に風景をつくる。

2｜プリミティブな言葉の空間
四方をモニターで囲まれた音と映像の空間では、言葉のプリミティブな体験をしてもらうため、シンプルで素直な見せ方を目指した。

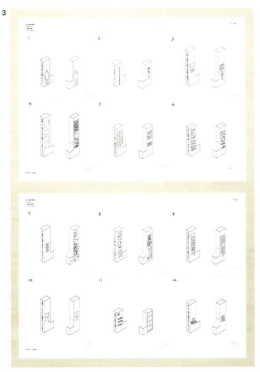

3 | 初期のイメージスケッチ
詩の1行をテーマに展示を展開していく構成から、什器の基本形状・展示法のイメージへは、一気につながっていった。詩の本を置く台と展示の柱はまだくっついている。

4 | 紙の質感の表現
本のページをそのまま拡大したような、紙の粗い質感を出すため、柱の詩の面には鳥の子紙の裏面を使用した。テクスチャのつくる陰影と、活版で組んだ文字の輪郭の揺れが、柱に表情をつくる。

5 | 紙の資料のファイル
展示のための資料の一部。ファイルに綴じられなくなったら、古いものから抜いていく。データより紙の方が自分には向いている。

6 | 配置のスタディ
柱のボリューム・配置のスタディ。1行の文字数で什器の高さが決まる。少しずつずらしながら並べることで、グリッドの人工的な配列から解放され、文字が地面から生えてきたような印象になる。

7 | 最終段階の模型
初期の案より詩の柱がスリムになり、人の身体スケールに近い。一編の詩と向き合って読んでもらうために、詩を置く台を独立させ、L字型からシンプルな直方体の形状になった。

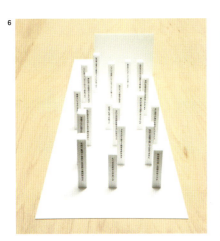

リアル×バーチャル
100年後につくりたい空間は？

重さのある空間

見ること・体験することに対する人々の期待やアプローチは、この10年だけでも急速に変化してきた。人々は新しいツールを日常的に次々と使いこなし、目に見えない空間感までも積極的に手に入れようとしている。仮想も現実も、空間への期待や要望は高まり、自分の手の中でコントロールしていく術を追求し続け、その欲求は現実に空間を構築する上でも、さまざまな表現の可能性につながってゆく。それは同時に、展覧会で見る・体験することに対する人々の姿勢や、つくり手のモチベーションにも、大きな変化をもたらしたと思う。

クリエイターは作品を通して技術を人の体温に近づける試みをし、人々は思いがけない形でそれを体験する。リアルとバーチャルの境界は曖昧で、見えるものも見えないものも、人々の感覚に自然と入り込み、時には驚きをもって迎え入れられる。新しい物事の見方・感じ方をどのような空間で体験に結び付けるのか、展覧会の空間設計の楽しさのひとつは、そこでもある。

一方で、リアルでのみ存在することの価値は、変わらずにあり続けるとも思う。目の前の事物を、周囲の空気感を含んで身体で感じることの豊かな経験は必要だ。そしてつくる人たちが集まり、議論し会話しながら、重量をもって目の前に出現する空間の創造の仕方は、いつまでも残っていてほしい。人間の思考の複雑さ・面白さに応え、人の手が現実につくり出す美しさを見る目をもち、質の伴った重さのある空間を、100年後もつくりたいと思う。

085

遊 | 導

本質への探究

松尾高弘
Matsuo Takahiro

KAWAI「Crystal Rain」

水面に浮かぶピアノと光の雨

水の上に設置された透明なクリスタルグランドピアノと降り注ぐ無数の光の雨。演奏のひとつひとつの音が、輝く光の雫となって空間を上昇する音と光のインスタレーション。演奏がなければ、ランダムに落ち続ける光の雨。光は、演奏の強さやリズムによってすべて生成され、演奏の抑揚が空間の光のボリュームに変わる。

ミラノサローネ2018｜イタリア ミラノ
2018年4月｜LUCENT｜インスタレーション
撮影：ナカサ＆パートナーズ

1｜光の上にピアノが浮き立つ
　　ライティング
アクリル製のピアノの脚部に小型のスポットライトを施し、プリズムの放射光が水面に浮かび上がるようにライティングした。それにより、全体の情景として、暗いスペースに溶け込む透明なピアノが、光の上に浮き立つように存在を主張する。

2｜水面のステージ
ピアノの脚部や演奏者の床部を水面で覆うことで、水面のステージをつくり出した。LEDバーの光はリアルタイムのプログラムによって制御し、ピアノの演奏に応じて光が明滅し上昇する。水面をわずかに波で揺らすことで、光の屈折が生まれ、自然な情景となる。

リアルとバーチャルの空間を構成する要素は大きくは7つから成り立つ。物質や構造としての「シェイプ」、素材や質感の「マテリアル」、自然や環境の「エアー」、光としての「ライティング」、現象や動きの「モーション」、人やものを相互に結び付ける「インタラクション」、そして、それらすべての変化を司る「時間」だ。ときに作品は、歴史や文化を横断し、国境を越え、アナログとデジタル、リアリティーとファンタジーの境界を行き来する。それらは、アートやデザインの思考やセンス、ソフトウエアやハードウエアのテクノロジー、高度な工芸技術を駆使して、空間に生み出される。創造的空間は、それらすべてに深く対峙し、論理的に解釈や選択し、高度に調和させながら本質に導かれるように形づくられていく。その結果、作品や空間は、時代や時を超え、新たなクリエイションとして人の心や感情に響くのだ。

3 | 水中ステージ
ピアニスト用にアルミメッシュの水中ステージを設計。ステージを水面と同じ高さに設定することで、ステージが水面に隠れた状態で演奏できるようにした。

4 | CGによるライティングテスト
ピアノ本体の照明効果をCGによりシミュレーションして、ランドスケープとしてのインスタレーションの中でのピアノ本体の見え方を詳細に検討した。

5 | 小型スポットライト
ピアノ用の小型のスポットライト。あえて事前に図面で決定せず、現場で環境に合わせてシューティングできるように、自由な位置と角度を付けられるよう設計した。

6 | 展示会場の施工
トルトーナ地区のSuper Studioのブースが展示会場。日本からはディレクターとテクニカルチーム、現場はすべてイタリアの職人たちとの協業で構築した。

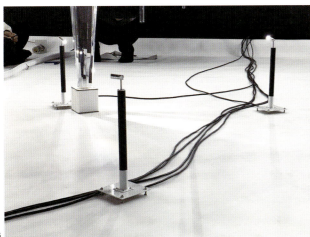

リアル×バーチャル
100年後につくりたい空間は？

自由に光が浮く

都市や建築、インテリア、インターフェイス、モバイル、ファッションなどすべてにおいて光源が空中に浮かぶようなライティングデザインをつくりたい。それぞれの光は、ネットワークに接続され、リアルとバーチャルを横断し、AIやインタラクションによって、自立的かつ自由に強度や色彩を変える。人工的な光が、生物のようなふるまいをすることで、環境やデザインを大きく変える。

087

遊｜共

共感と共創

尾西雄一郎
Onishi Yuichiro

「共に感じ、共に創る」「共に創り、共に感じる」個の枠を越えたものづくりは、つくり手同士がお互いに共鳴し合うことで、大いなる価値と無限の可能性を生み出すことができると信じている。

加えて価値観が多様化し、個の満足を勝ち取ることが困難になっていく時代の中で、より多くの人の心に届くためには、つくり手の想いが伝わるだけでなく、共感を得ることが重要である。

GLAMP ELEMENT

自然の中で過ごす贅沢な時間体験

伊吹山の麓にあるゴルフ場を、グランピング施設へとコンバージョンしたプロジェクト。増え続ける他のグランピング施設との差別化を図るため、ここにしかない価値として、都市部からのアクセスの良さをいかした「夜を愉しむグランピング」というコンセプトと共に、さまざまな設えを用意し、贅沢な時間体験を提供している。

滋賀 米原｜2017年6月｜スペース｜クリエイティブディレクション｜撮影：329 Photo Studio

1｜夜を愉しむグランピング
都市部から近いという立地環境をいかし、アフター6からでも満足できる施設づくりを目指した。日常の少し足を延ばしたその先にある「贅沢な時間体験」を提供する場として、アウトドア施設としては異例の夜を充実させた。

3・4｜芝、池、起伏に富んだ地形を財産に
元々ゴルフ場として整備されており、綺麗に手入れされていた芝生や、ゲーム性を高めるためにゴルファーにとってはやっかいな存在であった池、起伏に富んだ地形をいかしながら各施設を配置。周りを気にせず、気兼ねなく過ごしていただく位置関係と、絶妙な距離感を模索した。

2・5｜空間だけでない価値提供
過ごす時間を豊かなものとするため、空間のプロデュースだけでなく、五感を通じて価値を提供できる仕組みを、それぞれのシーンを描きながら、さまざまなプロフェッショナルと共に形づくっていった。同じシーンを共有しながら、それぞれの視点で語られるアイデアが、さらなる価値となる。

リアル×バーチャル
100年後につくりたい空間は？

野点LIVING

所有からシェアへと加速する時代の流れは今後も進化を続け、個人の領域はより一層曖昧なものになっていくであろう。一方で、マスの価値観ではない、等身大のていねいなライフスタイルとして「お気に入り」に囲まれた空間を、より快適なものと感じる人々の想いは普遍的でもある。
厳選された茶道具により生み出される一期一会の「野点」の空間は、そのひとつの答えなのかもしれない。技術の進歩と相まって、人々が憩う「LIVING」はかばんひとつに納まり、リアルな場とバーチャルな場を自由に、シームレスにつなぐことができるのである。

遊｜楽

楽は苦の種、苦は楽の種

山田竜太
Yamada Ryuta

3歳の頃、初めてアメリカのディズニーランドを訪れたときに感じたワクワクドキドキする気持ち。そんな気持ちを与えられるエンターテインメント空間をつくりたくてデザインをしている。

しかしでき上がるまでは苦労の連続だ。クライアントの要望やコスト調整は当然だが、現代では訪れる人々が既に多種多様な楽しみを知っていることが多く、期待値が高い。それを超えた空間創造が求められる。

そのために自分も世界中のエンターテインメント空間を訪れ、積極的に誰よりも楽しむ。そうすることで訪れる人の気持ちを忘れずに、老若男女、立場を変えて、空想を繰り返し、体験ストーリーをデザインする。行きたいと思うか、訪れたら楽しいと思えるか、つくり手よがりになっていないか、期待を超えているかを常に自問し修正していく。そのプロセスを仲間と共に悩み、四苦八苦した先にある、訪れる人たちがワクワクドキドキする光景を想い続けてデザインをしている。

SKY CIRCUS
サンシャイン60展望台

「眺める」展望台→「体感する」展望台

「天候で景色が見えないときにも楽しめる展望台を」というクライアントの要望をもとに、「外」の眺望だけでなく「内」のコンテンツを体感して楽しめる「SKY CIRCUS」の世界を生み出した。

東京 池袋｜2016年4月｜乃村工藝社
コンテンツデザイン｜撮影：鈴木賢一

1｜無限scape
床にプロジェクターで映像投影。壁・天井をミラー張りにし、無限に広がるデジタルの景色を楽しめるコンテンツ。日本の四季や視覚効果を狙った幾何学模様を使い、SNS映えを意識してつくった。

2｜WonderWindowスケッチ
デジタル処理を加えた不思議な景色を楽しめるコンテンツ。技術的な手法やソフトコンテンツのイメージも入れ込んだ、イメージスケッチでプレゼンや実現検証を進めた。

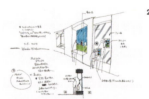

東京ゲームショウ2016
DMM GAMES 刀剣乱舞コーナー

VRをリアルな場で楽しむための空間デザイン

VRでは映像が注目され、体験する場がないがしろにされることが多い。しかし体験者の気持ちを考えれば、VRを行う場自体からワクワクドキドキが始まると考え、空間をデザインした。

千葉 幕張｜2016年9月｜乃村工藝社
展示会ブースデザイン｜撮影：J-LIGHTS

3｜刀剣乱舞コーナーファサード
VR上で現れる空間に本物の畳を使うなど、五感に訴えるようにリアルに再現し、没入感を高めた。

リアル×バーチャル
100年後につくりたい空間は？

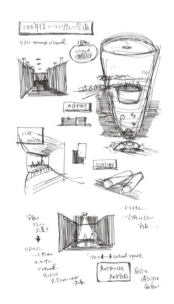

原稿の依頼を受けてから思案し続けたが、なかなか納得できる明確な答えが見つからない。クライアントの課題を解決する根っからのデザイナー気質だからか……。自分が好きな空間の100年後を想像したときに共通するのは、リアルとバーチャルは対義ではなく、あくまでリアルな体験をする上でバーチャルを手法として活用する構図だ。100年後は全く想像がつかないが、きっと今と変わらず見たことがなく不思議で、体験することで驚き、楽しいエンターテインメント空間をつくっているだろう。

遊｜欲

体験者の希求を生み出す間

桑名 功
Kuwana Isao

デジタルテクノロジーの進化により、情報が溢れ返る昨今において、相手（顧客）に情報を正確に届けることが非常に難しくなってきている。そんな中でイベントは実体験から得られる情報として信頼度が高く、唯一の嘘の付けないメディアだと考えている。多くの企業が消費者との強いエンゲージメントを求める中、イベントにおけるフィジカルな体験価値は高まっている。

空間を創造する際に、美しさや驚きを創出するビジュアルはもちろんであるが、本質的には、人の希求の質を高められるような体験デザインを目指している。体験者の気持ちに接触し、今まで気付かなかったことに出会い、その人の生活が豊かになるような体験をつくり出すために、完全ではない不完全かつ不確実な要素を場にもち合わせることを心掛けている。足りない部分を体験者が自ら参加したり、考えたりすることで、その間を埋めて完成させていくようなイメージが近い。そのような体験者の希求を生み出す間をもたせることで、より深く心に刺さる体験へと導いていきたい。

光と霧のデジタルアート庭園
あなただけの瞬間

夏の暑さをも「風情」として楽しむことができる、日本人の豊かな感性が生み出してきた日本の原風景。その原風景を現代的に再構築し、新しい夏の体験をつくり出すことへの挑戦。体験者は縁側に座り、庭を愛で、足元に広がる日本の夏を光と霧で楽しみ、涼を体験する。

MIDTOWN LOVES SUMMER 2018
東京 六本木｜2018年7月〜8月
博展、主催：東京ミッドタウン（六本木）
体験デザイン｜撮影：ナカサ＆パートナーズ

1｜縁側のような座れる仕掛け
東京ミッドタウンの芝生広場に登場した巨大な縁側に囲まれた庭園。石が置かれた庭園は、枯山水がモチーフ。霧は避暑地のようなひんやりとした涼しい心地良さを感じさせる。

2｜人をその場に留める不確実で再現性のないもの
刻々と変化する霧は、二度と同じ瞬間が生まれない。その場のその瞬間は、それを目撃したその人だけの特別な体験になる。情報を均一に伝える情報伝達型の体験とは対局にある、不均一で余白のある体験は参加者に想像させる間を生み出し、人をその場に留める力をもつ。

3｜光と霧の演出による体験
夜には霧と光に包まれた幻想的なムードに。デジタルアートによる砂紋や花火をイメージした色とりどりの光の演出が特徴。石の周囲で円を描くように光の粒が足元を埋め尽くす。

リアル×バーチャル
100年後につくりたい空間は？

> 時代の流れの中に、足を止め自分と向き合える"間"をつくる。

情報獲得における量と精度の向上の先には、源流の中の小さな方向性の違いではなく、さまざまな源流が存在する真の意味で多様性のある社会が生まれる。世代や性別でのセグメンテーションが意味をなさず、人は価値観や人生観の相違・共通項からそれぞれの源流をつくり出していく。その真の意味での多様化が進んだ社会の中で、万人に感動を与える空間体験とは何か。そのヒントは人類が生まれたときからもっている不変的でプリミティブな感覚にあるように思う。

激流の中のふとした隙間にある、プリミティブな感覚を呼び起こす間。そんな空間は、社会に溢れ出る情報の中から自分と向き合い、自分の進むべき源流を見つける体験を生み出してくれるのかもしれない。

遊｜逍

偶然と必然の連続が切り取られる

戸田知佐
Toda Chisa

ランドスケープデザインは、空間や時間の中のいろいろなルールを見つけることから始まる。自然の摂理、生活、成長、繁栄、歴史の積み重ね、いろいろな要素が空間をつくり上げているが、それを敷地から素早く深く読み取ること、それがデザイナーの能力であり、感性である。読み取った沢山のルールをパズルのように解き明かし、目的と時間の中で再構築する。それがランドスケープアーキテクトにとって、デザインするということだと考えている。

そのためには、自分という媒体を大事にしながらも客観性を常にもち続けられること、一番大事な判断を間違えないこと、忖度しないことなどなど、プロジェクトによりいろいろな価値基準を用意する。

風景の中には沢山の感動が散りばめられているのに、それを受け取ることなく日々を過ごすのはあまりにももったいない。私は、その感動がより凝縮され、世界中に広がって行けるように、これからもいろいろなきっかけをつくっていきたい。

YKKセンターパーク
土をつくり、木を育てて森をつくる

YKKは創業100年に向け、創業者吉田忠雄が理想とした森の中の工場の実現を目指し、森づくりに取り組んでいる。黒部川扇状地の地下水位が高い敷地では、土づくりと水はけを考慮した植栽基盤整備が必要とされ、そのアスワークと森づくりを観察する企業庭園として整備。自由に利用できる場として公開されている。

富山 黒部｜2008年9月
オンサイト計画設計事務所
ランドスケープデザイン｜撮影：吉田 誠

1｜マウンドと池
苗木を植えるアースワークとして、地面を掘って円形マウンドを造成。掘られた地面からは地下水が湧き出し、池がつくられた。苗木を植えて10年近くたった2017年の風景。

2｜センターパーク全景
森づくりエリアに囲まれた芝生広場と、工場を部分保存して整備された丸屋根展示館。

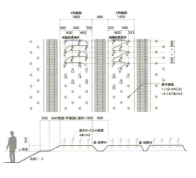

3 マウンド樹木の生長と冬景色
左から、2008年苗木植栽前、2009年苗木植栽後、2010年植栽1年後、2017年冬景色。

4 植栽基盤として検討された土の種類
宇奈月、氷見、魚津など周辺地域の砂と現場発生土をブレンドし、植栽に適した土をつくる。

5 苗木の植栽配置図
盛り土の上に畝をつくることにより、造成及び苗木配置の効率を検討。樹種もサクラ類、雑木類、常緑など、エリア毎に構成を変え、早期緑化だけでなく、多様な森をつくることを目指した。

6 既存樹周りのアースワーク（夏、雪景色）
既存のケヤキ周りにも造形を行うことにより、新しい計画地盤との整合をはかり水はけを確保。地形が時間と季節を映し込む。

リアル×バーチャル
100年後につくりたい空間は？

苔むした階段と日々の繰り返し。階段として使われていた場所に苔が生え、苔があまりに美しすぎて人が足を踏み入れるのを躊躇する。だけど、落ち葉が積もると苔は枯れるので、そっと踏み込んで掃除する。美術館で保存されるのではなく、その場になければ成り立たない。日照、湿気、風、そして人間の手。美は生活の中にあり、日々の繰り返し。時間の蓄積、匂い、温度、質感が感じられるようなvirtual realityが実現すれば、苔むした階段も美術館に入れられるのだろうか？

遊響

触れた瞬間の広がり

中榮康二
Nakae Koji

① 身体 | 身体的な体験と場所が連動していると感じられること。

NIKEWOMEN TOKYO

まちのエネルギーとともに身体を解放する体験

「私に驚け」をテーマに、「躊躇していたことに挑戦し、一歩を踏み出したい女性たち」を、トレーニングを通して支援するイベント。両国、浅草という場所性、空間性をいかしながら、ハレの場へと様相を変換させ、奥の空間へと飲み込んでいく。集まったとてつもないエネルギーと身体が連動する。

東京 両国 | 2017年2月 | 博展 | イベントデザイン | 撮影：見学友宙

1 | 照明の体感的な演出
自らを縛る糸が切れ、解放されることを照明で表現し、体感的にメッセージを演出。

2 | 街から本殿までの断面パース
街からイベント会場まで、いかにして来場者を引き込むか。シークエンスの検証用のパース。

体験の質とは、その瞬間が心に触れるということ、それだけに尽きるように思う。一方で、体験の質のつくり方や感じ方は、終わりなく多様に開かれていて、これからも変容していくように思う。その多様に開かれた想像の領域を探求し、感覚を更新していきたいと思う。
そうやって更新しながら、いつしか目の前の空間を飛び越えて、もっと深く、そして遠くまで響いていくようなことをつくりたいと思う。今回は、4つのプロジェクトを紹介するとともに、それぞれの体験の質をつくり出した際の関心ごとを載せている。

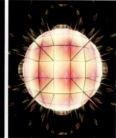

② 動き・移ろい | 動くもの、移ろいゆくもの。何か固定化してしまうことに対して、拮抗するもの。

SHISEIDO PARLOUR WINDOW ART

ちょっとした余白の時間の体験

ホリデイシーズンに合わせた、ウィンドウディスプレイ。光そのもので、できた小さな万華鏡は現象的な様相をもつ。小さな小窓を覗き込む体験は、銀座の流れ行くスピードに句読点を打つような、リズムそのものを変えていく体験になったと思う。

東京 銀座 | 2018年11月 | 資生堂、博展 | ウインドウアート | 撮影：見学友宙

3 | 街との重なり
ウィンドウディスプレイの万華鏡が織りなす現象に、街の様相が重なり、変化していく。

4 | さまざまなスタディ
1/1のモデルをもとに動かしながら、知覚される現象の面白さと構造をとらえていく。

③ 空気・雰囲気 | 目には見えないけれど、把握される体験の総体。

WASO YAOYA
爽やかな空気の中の自然体の体験

自然派スキンケアブランドが展開する「美しくなれる八百屋」がコンセプトのポップアップイベント。代官山は、適切なボリュームコントロールがされ、風が通るような街としてつくられている。その爽やかな空気と地続きになるような、平面計画とボリューム計画で、最初からこの場所にあったような空気感で佇ずみ、日常のちょっとした延長の至極自然の体験となった。

東京 代官山 | 2017年9月 | サイバーエージェント、1→10、博展
ポップアップイベント | 撮影：見学友宙

5-7 | 伝統的な八百屋を再構築
製品の野菜の色ごとに構成された箱のボリュームをコントロールすることで、歩くたびに見え方が異なり、探したり、見つけたりしたくなる体験を構築。

8 | 平面図のスタディのための敷地図のトレース
代官山のあり方をインプットする。歩くたびに新しいものが見つかるような八百屋の体験のあり方と、中間領域ができることによって、見え隠れする代官山の体験のあり方が地続きになる。場所の力を借りて、より強度な体験となっていく。

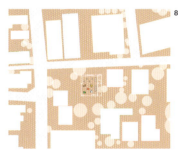

④ 質感 | 質感があること。ここにあるという感覚、存在感が体験に確からしさを与える。

資生堂銀座ビル「EXPERIENCE A NEW ENERGY」
突然と光が現れる、不思議な体験

最初から、質感をもつ素材がある。その質感とコンセプトが技術的困難を乗り越えて、融合したとき、見たことのない体験へと昇華される。

東京 銀座 | 2017年11月 | 資生堂チーム101、WOW、博展
インスタレーション | 撮影：見学友宙

9 |「NEURO_SURGE」
資生堂ビルの1階から2階の吹き抜けを貫く、高さ約9mに及ぶ、新素材ファイバーを使った光の表情が変化する大型モニュメント「NEURO_SURGE」。

10 | 検証のプロセス
空間設計やプログラミング、模型の作成や仮組みなどにより、施工の検証を行いながら、ひとつ一つ課題をクリアにしていく。

リアル×バーチャル
100年後につくりたい空間は？

100年後にも通じる何か

100年後だからつくれるものに頼るのではなく、100年後でも何か通じていくようなそんな体験をつくりたいと思う。

遊

普通な異常

Ryo Kishi

汎用化、効率化の流れの中で、我々は自らを知らず知らずのうちに常識という名の枠の中に閉じ込めがちである。まずは、そこから抜け出すことから表現づくりは始まる。人間の思考の範囲ではなく、自然現象の観点から物事を見てみれば、人間の常識など、ただ単に自分たちが理解・規定しやすいように不確定要素を排除し、最適化した虚像に過ぎない。余白がなく、すべてがカテゴライズされた虚の世界。この中で思考をしていては、表現の可能性を狭めてしまうだけである。それが故に、人間中心ではなく、自然現象そのものから思考を始めることで見える世界は変わってくる。そこには、人間の常識から見れば「異常」ではあるが、自然現象から見れば至極「普通」な事象が無数に存在する。それを紡ぎ合わせ、表現に昇華することで生まれる新しい表現や空間、それが「普通な異常」である。

dis:play（bias）

映像の彫刻

情報伝達を目的にせず、色彩と動きの表現に特化した映像投影装置。時代の流れ、汎用化、効率化の中で導き出された最適解（映像の表現方法）に対して、別解の可能性を探る試み。物理的に変化する枠の中に映し出される像は、平面、固定といった概念から解き放たれ、「映像の彫刻」をつくり出す。

東京 六本木｜2017年9月
インスタレーション｜撮影：Ryo Kishi

1｜dis:play（bias）
@六本木アートナイト2017
偏光フィルムを接着したアクリル自身が映像投影の形を決め、アクリルの動きが映像のフィルタ効果となる。

2｜breathing frame
dis:play（bias）の派生作品。誰もが一度は触ったことがある風車を装置に取り込むことで、空間を流れる風や、鑑賞者自身の息を映像装置のアクチュエータとして利用している。

リアル×バーチャル
100年後につくりたい空間は？

> 感覚器官を超越して
> 感じる空間

人間の空間認識は、これまで網膜や鼓膜といった物理的な感覚器官のスペックに依存してきた。もし、この制限を取り去ることができたらどうだろうか。脳の視覚野や聴覚野に直接働きかける空間。これが実現できれば、物理的な壁や天井と認識していた存在はもとより、次元といった概念を超えた空間を設計することが可能になるだろう。

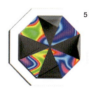

3｜ロバスト性の担保
プロジェクタを使わず、通常ディスプレイの偏光現象を利用することで、明るい場所での展示を実現している。

4｜複数台を平行に並べたテスト
同じ映像を流し、それぞれ別々のdis:play(bias)でエフェクトをかけると、どう映像が違って見えてくるかの実験。

5｜さまざまな形でのトライアル
実際にさまざまな形のアクリルや動きを試し、空間デザインとして面白いものを選定した。

6｜不定形の映像投影装置
映像投影の形はアクリルの形に依存するため、どんな形が考えられるか、描きながら試行錯誤した。

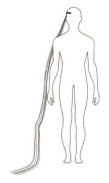

097

遊 | 察

観察して推察する

深野友規
Fukano Tomoki

デザインや空間づくりの話に限らず、私は人の話を聞いて整理することが好きだ。この人が本当に言いたいこと、伝えたいことはこれじゃないかと静かに耳をかたむけながら「察」し、相手の気持ちを想像しながら整理する。よく建築家は「占い師タイプ」と「カウンセラータイプ」がいるという。こうすべきだと言い切ってリードする占い師と悩みを聞くことに徹して整理するカウンセラー。そういう意味では私はカウンセラータイプだ。もともとそういう性格なのだ。私が多く担当しているミュージアムなどの文化施設では、伝えるべき「情報」や「メッセージ」が必ずある。そういった物言わぬ資料や情報に向き合うときも、基本的には同じだ。それが発している言葉に向き合って「観察」し、きっとこう言いたのだろうと「推察」する。資料が伝えたいこと、顧客が望んでいること、来館者がどう感じるか、ただただ「察」し、想像して、よりすっきりする方向へ導いていく。私の中で、創造とは≒(ニアリーイコール)想像であり、察することである。

チューリップ四季彩館

チューリップが一年中咲き誇る不思議な花畑

チューリップの球根生産発祥の地である富山県砺波市にあるチューリップ四季彩館。太陽と水に恵まれた砺波の自然と、花を愛する人の手が生みだす本物のチューリップが世界で唯一、一年を通して咲き誇る、不思議と発見に満ちたチューリップミュージアムである。

富山 砺波｜2016年3月｜乃村工藝社
ミュージアムデザイン｜撮影：シンフォトワーク

1｜無数のチューリップが宙に浮かぶ独自の栽培技術により通年で供給できるチューリップと、新幹線に採用されるほど高い精度の曲げガラスという、世界に誇る砺波の2つの技術により実現したチューリップが宙に浮かび上がるシンボル。

2｜Wonder FarmとUnder Farm
最初期の提案から一貫して最後までぶれなかったコンセプト。不思議と発見に満ちたWonder Farm（不思議な花畑）という言葉にはUnder Farm（花畑の地下）という球根から見上げる視点が隠れている。

3 | チューリップで埋め尽くす
最初期の提案イメージの一枚。地上の世界、Wonder Farm（不思議な花畑）は徹底的に色鮮やかなチューリップの色彩で埋め尽くすワクワクの世界のイメージがすでに固まっている。

4 | 小さくなっちゃった！
同じく最初期の提案イメージ。Wonder Farm から Under Farm への場面転換。この演出もほぼ最初の提案通りに実現している。地上から地下の世界へ潜入するために親指姫に準えて自分の身体が小さくなる錯覚を与える。

5 | 球根の視点から地上を見上げる
同様に最初の提案通りに実現した演出シアター。どうやって球根から綺麗な花を咲かせるのか。不思議がいっぱい詰まった巨大な球根の中身をのぞき見て、芽吹きから開花までを地下から見上げる。

6 | 視界いっぱいに広がる花の万華鏡
万華鏡のように視界を埋め尽くす無数のチューリップ。色とりどりの色彩の渦に息をのむ。普段とは違う視点で、真上からチューリップの花を眺めると、いつもは意識しなかった、めしべ・おしべの構造や花びらの数に気付かされる。

リアル×バーチャル
100年後につくりたい空間は？

たたむ空間

私たちクリエイターはゼロから何かを生み出し、大きく育てることが職能とされてきた。だがこれから100年を見据えたときに、そこに疑いをもたなくてよいのだろうか。限界集落やシャッター商店街。これは地方だけの問題だろうか。役割を終えたり老朽化が進んだ大規模施設は首都圏にもこれから増えていくだろう。これまでのようなスクラップ＆ビルドではなく、今ある施設をコンバージョンし、適正なサイズにダウンサイジングする。そんな「減築」の考え方がこれからはもっと必要になるのではないか。その時代時代にふさわしいスケールに自ら縮小して、そして最後にはゆるやかに自然に還ってゆく。そんな空間ができないかと模索している。

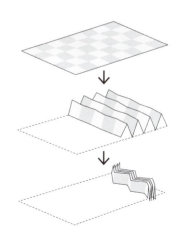

遊｜拡

現実を拡張する、空間の意味を変える

川田十夢
Kawada Tom

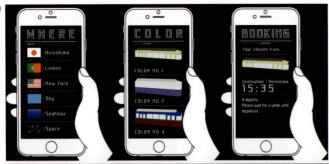

ワープする路面電車
商業施設に想像が停車する駅をつくる

ショッピングモールなどの商業施設に家族連れで訪れた場合、必ず暇になる人間が出てくる。誰もが買い物が好きなわけではない。駅のような場所で、来るでもない電車を漠然と待っていると、想像の電車がやってくる。そんなストーリーを下地に考え、実装を行った。

THE OUTLETS HIROSHIMA
広島 石内東｜2018年4月
AR三兄弟、WHITE-BASE、広島ホームテレビによる共同製作
プロジェクションマッピング｜撮影：川田十夢

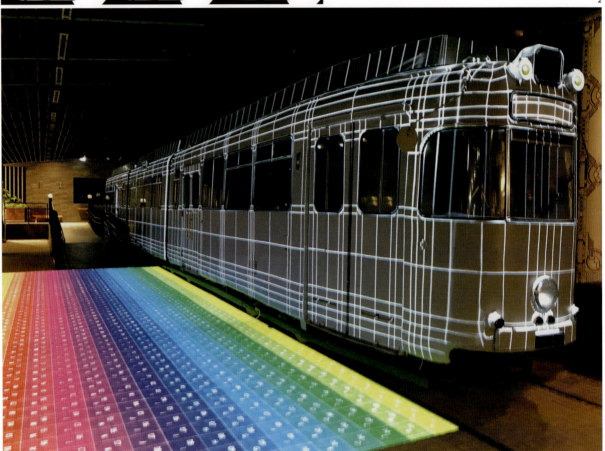

私は建築家ではない。いわば、拡張現実家である。私の仕事は、通りすがりの公共空間を、誰もが足を止めたくなるような劇場や美術館に変化させること。見過ごされがちな日常に目を凝らそうとする契機をつくること。自分以外の眼で、生活を見直そうとすること。いい本を読んだ後のような読後感をもち帰ってもらうこと。その場所が栞として再び機能すること。AR（拡張現実）やプロジェクションマッピングなどの技術は、あくまで手法に過ぎない。空間に潜む行動や視線の矢印を観察し、それをいかに拡張するか。空間の意味を変化させるか。その場に潜む重力の方向を考察した後、一瞬でアイデアを練りあげる。現実的には実現不可能だけど、拡張現実的には実装できるかもしれない。そういう類のものを、未来も手掛けてゆく。

3

リアル×バーチャル
100年後につくりたい空間は？

Augmented City Zoo

100年後の世界では、4・5次元のイメージで空間づくりをするのがスタンダード。例えばキリンが信号と同じ背の高さだとわかることで、動物園の檻が拡張現実的に取り払われる。ウーハーよりも重低音のライオンをコントラバスの代わりにオーケストラに抜擢する機会も増える。人類が残してきたモニュメントが、文明サイズのランドマークであることがいよいよ実証されるのだが、それはまたさらに100年後の話である。

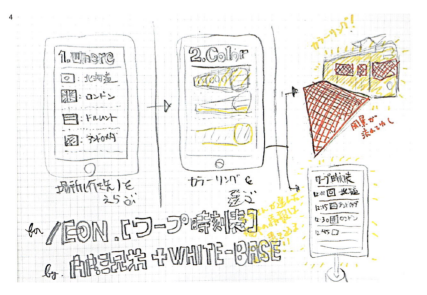

4

1｜想像の電車をスマホでチャーター
スマートフォンでサイトにアクセスすると、行き先とカラーリングを選び、想像の電車をチャーターすることができる。日本語、中国語、英語の三言語対応。時刻表も完備。一方通行だったプロジェクションマッピングに、現実と地続きの物語と操作性を宿した。

2｜路面電車の歴史をいかす
かつて広島市街やドルトムントを走っていた路面電車を、歴史そのままに収容。車体を真っ白く塗りつぶし、窓には特殊なフィルムを貼った。10数台のプロジェクターを配置、流れゆく風景と地面を細密に表現。

3｜異空間をつくるシステム
ワープとは、超高速移動を意味する。商業施設を一瞬にして異空間にする必要がある。場内の照明、音楽、すべてを司るシステムを開発することで、連続的な効果を導くことに成功した。

4｜ラフで問題を解く
アイデアラフは、関わるものすべてに設計を示すもの。技術的な問題も、ラフを描くことで明らかになる。どこに影が生まれ、どこが余白となって新たな光を与えるのか。その輪郭をもって算出する。

CITY ZOO AR3
by 川田十夢

101

遊｜融

やわらかく融合し、新しいひとつに

秋葉哲也
Akiba Tetsuya

画家ダリは「未来の建築は、やわらかくて毛深い」と答えた。当時、建築を学び、シュルレアリストたちに陶酔していた僕は、この言葉（嫌いなコルビュジエに言った意味もない言葉かもしれないが）を理解しようと、白模型に絵を描いたり、映像を当てたり、ディスプレイに模型やトレペを貼ったりしていた。そのまま飽きずに今に至る。今では「やわらかく」＝空間に接着・接合・合体・配置しているメディアを空間に融合すること。それは超臨場を生み出し「毛深い」＝プリミティブな存在（ある意味において、今よりリアルな空間）に近づくことだと考える。そのために、デザインに必要な要素をなるべく多く同時に思考する。手を動かしてはいけない。多くの情報と形を頭の中で、やわらかなまま（チーズのように！）溶かしていく。このときに優劣などはない。頭の中で低解像度から高解像度のぼけたイメージに変化し、アウトプット（融合）でシャープなデザインに落とし込む。それらは、キメラや合体ロボではなく、溶け合い混ざり合い、新しいひとつとなるのだ。

A. 太陽の娘ファヴェッタ
B. CASA AfeliZ GINZA
C. chapter.5 -the Pale Blue Dot-

メディアコンテンツの新ワークフロー

今まで空間デザインのフローにおいて、後付けのような扱いが多いメディアコンテンツを、初期段階の企画から、現場作業までのフローかつ多岐にわたるデザインワークを、少数で制作。スピードとクオリティの両立、ソフトとハードを合わせたデザインによる柔軟なコストコントロールなど新しいワークフローの構築を目指した。

A. 東京 新宿｜2017年9月｜メディアコンテンツ
撮影：アシュラスコープ®インスタレーション
B. 東京 銀座｜2016年1月｜メディアコンテンツ
撮影：アシュラスコープ®インスタレーション
C. 東京 麻布｜2016年11月～12月｜メディアコンテンツ
撮影：アシュラスコープ®インスタレーション

1｜物語を語らずに感じさせる
「太陽の娘ファヴェッタ」のエントランス。透過グラフィックにプロジェクション。テーブルや壁面グラフィック及びジークレーにもプロジェクションを施した。一部ディスプレイを埋め込む。

2｜ライティングとしての映像演出
「CASA AfeliZ GINZA」のエントランスは、フラワー造作にプロジェクション。ジークレー印刷へのプロジェクション、リブ（一部ラメ塗装）へのプロジェクションなども。

3｜4Kディスプレイを使った習作
「chapter.5 -the Pale Blue Dot-」は、カール・セーガン博士没後20年企画「宇宙視線」〜ボイジャーが見た風景〜への出展作品。4Kディスプレイを使用。

4｜現場作業
マッピングによる画質劣化や照明干渉によるコントラストの低下などの問題は現場でないと解決できない。また限られた時間の中で納めるノウハウも重要。

5｜投影スクリーンの制作および検証
写真はラメをスクリーンに塗装している。ラメの粒形状によっても見え方が大きく異なるため、その選定や使い分けを行う。反射素材を加えることで映像に物質感が出る。

6｜模型を使用した投影検証
質感と認識する解像度の違いがコンテンツの肝となるため、VRなどを使用しても理解しづらい。模型やサンプルを用いて現物に近い形での検証が必要となる。

7｜自社開発ツール
条件入力で適切なPJが自動生成。適切な投影ピクセルサイズ、輝度、設置やレンズによる輝度劣化、ランプ交換位置やクリアランスなど設計に必要な情報も確認。

8｜模型製作
空間演出として映像を使用するときは、空間そのものの意味と映像が担う役割のバランスが重要であるため、空間動線やボリュームのわかる模型を制作し検証を行う。

リアル×バーチャル
100年後につくりたい空間は？

当たり前だが人間の五感は感じられる限界がある。仮想空間などは、その範囲内を表現することができれば十分だと考える（それ以上はメモリの無駄）。つまり人間が感じられる範囲での世界だ。リアルな世界は人間が受信できるよりも遥かに多くの情報量をもっている。人間には感じ得ない（とされている）情報は、人間にとって何をもたらすのか。今よりも感度を上げると世界は一変するだろう。きっとそれは高性能のスニーカーや服を身に付けるように、手軽に誰もが手にできる人体アップデートとしてやってくる（ノイズキャンセリングイヤホンや偏光メガネなんてまさしくそうだし、携帯電話や車だって身体の延長にあるとも考えられる）。今の人体感受の解像度を超えた世界。今の（人間が感じることのできる）現実を超えた超現実を感じることのできる解像度（超現実解像度）を手にしたとき、今まで感じていた世界は、荒っぽいていると感じるかもしれない。レコードを聴いているようなノスタルジックな感情が沸くかもしれない。僕は100年後には人間は感度が可変な五感を手に入れると考えている。世界を今より高解像度でとらえることができたとき、それは万華鏡のように無限の広がりを見せるだろう。それに耐えうるクリエイティブはどんな超現実を創造するだろう。それが「100年後につくりたい（チャレンジしたい）空間」だ！……と思ったが、今でさえ人様より低解像度な感覚しかもたない僕にはわからないから、こんなことを考えるのは、あと100年はやめておこう。

103

遊｜貫

瞬間的な印象づくり

竹内舞弥
Takeuchi Maya

空間デザイナーに求められる要素は多様化している。ピクトサインのような小さなグラフィックデザインを検討する傍ら、建築知識を要する構造設計や設備設計も把握し、音響などの演出効果を検討する。
そんな現状の中で私が最も大切にしているのは、メインとなる空間の「在り方」を決めたらその軸をぶらさないことである。
空間構成のポイントには、あらゆる選択肢がある。あるときは照明デザインであったり、あるときは家具のディテールであったり、サイン計画であったりする。決めた空間の在り方によってそのデザイン手法の優先順位を並べ替え、求められる空間の質に合わせ、商材の特性を引き立たせるよう構築する。その店に入ってくれるのか、入りたくなるか。まず必要になるのは瞬間的な印象であり、それが空間づくりの在り方の原点になる。

ひつじのショーン
ファミリーファーム
キャラクターのもつ可能性を探る

大阪、神奈川、北海道、愛知、福島
2015年〜2018年
ムラヤマ｜内装デザイン｜撮影：竹内舞弥

イギリスのクレイアニメーション「ひつじのショーン」。派手な原色遊具でごちゃごちゃなイメージになりがちな子どもの遊び場を、ショーンの世界観に落とし込むとどうなるのか。日本初となる子どもの遊び場1号店から現在進行中のものを含め、キャラクターの特性をいかした空間づくりを行っている。

ひつじのショーン
ファームカフェ
メニューとの連動

子どもの遊び場に次いでカフェの計画がもち上がる中、イギリス生まれのショーンにちなみ、イギリスの郷土料理をベースにフードメニューが構成される流れの中で、空間デザインはどうあるべきか。本物志向のメニューと連動した象徴的なエリアの再確認を行い、わかりやすい世界観をつくった。

愛知 日進｜2017年11月｜ムラヤマ
内装デザイン｜撮影：J-LIGHTS

1｜色彩検討
遊具の色彩・内装の色彩・サインの色彩を同時に検討することで、空間全体の色のバランスを決定した。また曇りの日が多いイギリスをイメージして明るすぎない空間となっている。

2｜フォトスポット
ひつじのショーンを知らない人でも思わず写真を撮りたくなるようなエリア。あえて視線を来場者に向けていない、ショーンらしい一面をポージングとして採用。

© Aardman Animations Ltd 2019

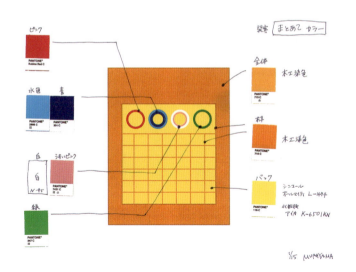

リアル×バーチャル
100年後につくりたい空間は？

バーチャルカフェ 東京の森

商業空間をメインに仕事をする中でよく考えるのが、理想のカフェの在り方である。思い思いに自分の時間を過ごすことができるリラックス空間であるカフェは、閉ざされているよりも、開放感があったほうが気持ちがいい。屋外にテラス席が広がっていたり室内でも大空間であったりすると、空間にゆとりが生まれ、心地良さにつながり満足度が高まるのではないか。しかし理想の空間の実現に物理的なスペースを必要とするならば、立地条件などによる質の高さに勝るものはないという想いに至ってしまう。そこで芽生えたのが、物理的なスペースの広さに左右されない空間づくりができないだろうかという想いである。100年後、バーチャルの世界をつくる技術が飛躍的に向上しているのであれば、都心に居ながらにして、広大な森の中にいる感覚を味わえるリラックス空間をつくりたい。小さな空間でも実現できる、広々とした視覚的な効果に加え、その土地に根付いた生き物の声を聴いたり、温度や湿度までも感じたりすることができる、リアル×バーチャルな世界。森に生える木々はその土地に由来し、それだけで風土を感じることができる。東京ならではの風土が感じられる森の中で、豊かなカフェ時間を過ごすことが日常となる未来を見てみたい。

3｜シーン設定
カフェの空間デザインを行う際に最初に行ったのが、シーン設定である。そもそもショーンのカフェとはどうあるべきなのかを定義した。

4｜遊具カラー
世界観をリアルに店舗へ落とし込む際に、ポイントとしたのは色使いである。遊具の細部までブランディングカラーを組み合わせ、世界観の強化を図った。

5｜「ひつじのショーン」とは
イギリスのクレイアニメーション「ひつじのショーン」。ショーンとその仲間の動物たちが牧場で巻き起こす騒動を描いた、イギリス流のジョークの利いたコメディ。

6｜マテリアル
劇中に登場する素材感に近づけるため、壁面をモルタルにカービングで構成。コストバランスも考慮しながらモルタルの厚みや形状を決定した。

遊 | 驚

目を疑う光景の発明

那須野純一
Nasuno Junichi

デザインは目的を達成するための手法であり、課題を解決する策であり、その目的に応じてさまざまなデザインがある。その中で意識している一字を挙げるとしたら「驚」だ。
目的として頻度が高くなるのは、集客するための策。あらゆる情報がネット環境で見聞きできる現在、大方の人々はどこかで見たことのあるような手法や、想像が付くものに対してとても冷淡であり、なかなか足を運ぶ動機にはつながらない。そこで集客のために必要となる課題解決策が「驚き」の発明である。ほかにない強い印象を残すことで発信力は高まり、集客という目的達成はより効果的になる。「驚き」とは「目を疑う光景」という言葉が近いかもしれない。知っている常識の中に、ありえないという非常識が錯雑し、虚実混同した「目を疑う光景」は、快感とともに強い印象をもたらし、誰かに言いたくなる力をもつ。「驚き」とはデザイナーの「いたずら」かもしれない。「え!?」と言わせるトリックを仕掛け悦に浸る。それは、デザイナーの楽しみのひとつである。

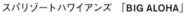
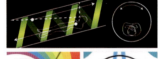

スパリゾートハワイアンズ 「BIG ALOHA」

デザインによる速度・時間・重力の変異

日本最長最高落差のボディースライダー計画。その長さをいかし、移動視点による視界の変化を映像の尺のように考えることで、映像のような動的変化に富んだスライダーとした。

福島 いわき｜2017年7月｜丹青社
ボディースライダー演出
撮影：ナカサ＆パートナーズ

1｜滑走視点
連続性のある対象物は、同一対象物が変形しているように錯覚するため、グラフィック形状により、スピード感、上昇下降、姿勢に実態と異なる不思議で幻想的な錯覚を引き起こしている。

2｜グラフィック検証
滑走者の感情起伏ストーリーを設定し、無数の案を立案。動画でなければ効果がわからないため、3Dアニメーションによるシミュレーションを繰り返し、効果的なトリックが感じられる動きを検証した。

3｜3D曲面パイプ
500以上のパーツからなるチューブは、全て3D曲面で構成され、軸を回転しながら接続されていく。そこにすべてが計算通りに連続する、平面出力データを作成することは、難解の極みであった。

リアル×バーチャル
100年後につくりたい空間は？

人間退化必然時代だから
2019年リアル野趣

100年後、さらに便利さは加速する。天候や災害から守られたドームの中、自宅ですべてが賄え、記憶はクラウド化し、思考はAIが判断するようになる社会。人には何の機能が残っているだろう。そんな時代だからこそ、環境ドームの外、野生の中で、自力で生活したり、不便な前時代、つまり現在を体験できる環境の需要性や必要性が出てくる。100年後につくりたい環境は、過去のバーチャル体験ではなく、リアルに生きることを実感できる空間。つまり、現代である。

遊｜楽

「楽しく」からはじめる

池田正樹
Ikeda Masaki

「楽しくものづくりにあたること」。つくる人が楽しんでいないと、つくったものを体験する人も楽しめないのではないかと考える。今までにないものを楽しみながらつくる、今までよりも良くするために楽しみながらつくる、ということではない。楽しみながらつくるから今までにないものをつくることができ、今までよりも良いものをつくることができるのではないか。「楽しく」が一番。「今までにないものを」「今までより良いものを」と気負わないほうが良い結果が生まれる。

楽をしてつくるのではない。楽しみながら一生懸命アイデアを考える。楽しみながら困難な問題を真剣に考えクリアしていく。ひとつのものをつくり上げる過程では大小さまざまなハードルが必ずある。しかし、「楽しく」をすべての基本に置くことで、普通ならクリアできない大きなハードルもクリアすることができるのではないか。今回のプロジェクトもそのような心構えで多くの人たちと楽しくつくり上げた。楽しくつくったこの空間を多くの人たちが楽しんでくれることを祈る。

サンシャインシティ噴水広場
虚像と実像の融合

サンシャインシティ内ショッピングセンターアルパの共用部、噴水広場のリニューアル。共用部でありながら、展望台・水族館・プラネタリウムと並ぶ、ほかにはないエンターテインメントとしての役割や機能付加が求められた。

東京 池袋｜2016年4月｜丹青社
共同部空間デザイン｜撮影：新 良太

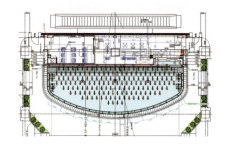

噴水によりアイのかけらがアクションを始める。最初は傾斜に。画面上から注がれるアイのかけらと流れ落ちるアイのかけらたち。

1｜映像と同調する噴水ノズル
合計140以上の噴水ノズルを導入することで、映像に追随可能なきめ細やかな演出を実現。映像と噴水のシンクロにこだわって全体を構成した。

2｜融合
二次元の映像演出だけでなく、立体的な噴水を融合させることで、ほかにはないエンターテインメントを構築した。また、3層に渡る吹抜け空間において、どのフロアから見ても、映像と噴水の高いレベルのシンクロを実現するため、各演出装置のサイズや距離にこだわった。

3｜シンクロにこだわって作成したシナリオ
どのような映像・噴水表現が、もっともシンクロを表現できるかにこだわり、シナリオを作成。ストーリー性のあるシナリオの検討を何度も重ねた。

リアル×バーチャル
100年後につくりたい空間は？

「100年後につくりたい空間」を考えたのが下記のスケッチ。ご覧の通りまとまりがない。その理由は、10年後ですらイメージが難しいのに100年後とは、想像を絶する世界だと思ったからだ。いろいろ考えて「変化可変」というタイトルとした。離れた空間を瞬時につないでしまう空間。人間が考えたことが実現する空間。何者にも変化する空間。どんな難病でもその空間に入ったら瞬時に治ってしまうなんていう空間もできるかもしれない。妄想は広がる。

Column

これも空間デザイン？

高橋久弥
檜原由比子
田中利岳
中井利明
福田和男

墓

天国と大地へのインターフェース
高橋久弥

墓石の前で故人や先祖への思いをはせるとき、私は墓石を中心とした垂直軸を強く意識する。空高く上部に突き抜けたその先には、天国といわれる無限の広がりをもつ空間を意識する。ご先祖さんたちはこの場所でゆったりとした時間を過ごしている。
一方、深く地球のコアにまで向かう下の方向には、大地へ同化していった先祖の亡骸（遺骨）のある空間を意識する。
地球の一部として生まれた生命体が寿命を全うし、再び地球の一部として還元される大地である。墓石はそれらの2つの場所へつないでくれるエレベーターの籠のようなものであり、地上無限階と地下無限階を超高速で運行する。
このエレベーターに身体は乗ることはできないが、心だけはいつでも何回でも乗ることができる。
お墓は天国と大地への空間のインターフェースである。

図：墓のはるか上部には天国があり、墓のはるか下部には亡骸が同化した大地がある。

スノードーム

側に置けるリアルでバーチャルな空間
檜原由比子

25年ほど前、海外の土産物屋で一目惚れして買ったスノードーム。安いプラスチック製だったがデザインが独特で素敵だったし、街をポケットに入れて持ち帰るようでワクワクした。
スノードームを揺らして雪がふわりと舞うと、私はスノードームの世界へ引き込まれる。旅先の記憶が蘇ったり、いただいた方のことを思い出したり、空想の世界で遊んだり、自分や社会を織り交ぜた物語をつくったり、時間と空間を自由に行き来することができる。

スノードームは、1889年のパリ万国博覧会でエッフェル塔をモチーフにしたものが話題になり世界中に広まった。100年以上も前から私と同じようにスノードームにさまざまな夢（イメージ）を見る人がたくさん居たに違いない。
スノードームは私にとって、自分の側に置けるリアルでバーチャルな空間なのだ。

写真：自宅に飾っているスノードームの一部。形もモチーフも多種多様。ひとつ一つに出会いのストーリーがある。

ブロック

スケールを横断する単位「ワクワク」
田中利岳

娘がブロック遊びに夢中だ。一緒に架空の憧れ「自邸」を目指し、平面立面、同時並行で手を動かす。「リビングはぜいたくに大きくね」「鬼が襲ってこないように壁を立てよう」「壁の上には鶏を置いて見張りをするんだよ」という具合である。突如娘はこのリビングに、どうやら長手のソファを置いた。「ゆったりくつろげそうなソファだね」と私が言うと、「違うよ、これは電話。もしもし、ママ？」。
ブロックの真骨頂だ。娘が描く形への欲求が、スケールを縦横無尽に横断し、ブロック特有の単位的抽象性＝「ワクワク」がこの創造を紡いでいく手立てになる。
ブロック表現と現実が、創造性を介してつながりを生み出しているということは、ブロックは現実空間の延長に存在する立派な空間畑と言えそうだ。思いふけていると、娘がおもむろに「急に黙るからパパの部屋はこの小さいやつね」。

写真：ソファなのか電話なのか、創造の欲望に身を任せる娘。

クルマ

風景をつくるプロダクトのデザイン
中井利明

一般的にクルマはプロダクトデザインだ。しかしクルマが実際に使われるとき、それは「街の風景」という空間デザインを大きく左右する要素になる。「欧州はもともと絵になる街並みだ」「根本的に日本とは違う」とよく言われるが、伝統的な建築、先進的なビル、美しい自然など、空間の要素を比べると日本が欧州に劣っているわけではない。日本では必ずと言っていいほど、美しい風景に大きくて便利なミニバンがレイヤーとして重なり、角を曲がる美しいクルマにハッとするような「憧れの風景」は少ない。子どものクルマ離れも時代のせいだけではない。クルマを利便性や居住性といった自分の都合だけではなく、「風景の一部になるものを買う」という文化的視点で選べるか……。クルマメーカーのデザインに対する価値観は重要だが、私たち消費者の選択も「街の風景」という空間デザインの質を左右している。

写真下左：美しく、整った街並み。／上・下右：美しい街に重なる、景観と調和しないクルマ。これが美しいフォルムや色彩のクルマだったら、街はどう見えるだろうか？

仏壇

そこにある意図、お祀りする空間
福田和男

最近では珍しいかもしれないが、自身の実家には神棚も仏壇もあり、お祀り、お供えをしていた。特に意識することなく手を合わせてはいたが、お盆の時期などは遠くに暮らす親族などがお供えを持ってやって来て、それに合わせて、目に見えぬ者のために特別なお祀りをする、そんな存在だった。
今、我が家の仏壇に手を合わせ眺めてみると、中央の最上部にご本尊があり、位牌が祀られ、その下にお供えの器がある。展示空間においても明確な意図をもって段差を用いることがある。ある種の系統、階層を印象的に見せるため。
改めて考えると、亡き人を忍び、また、仏となり極楽浄土に向かっていただく設えとしての仏壇に、ふと奥深さを感じるのである。

写真：最近は装飾も色合いも重厚ではなく、質素な現代風のお仏壇が好まれるそうだ。

学
まなぶ

学び習う環境
頭が良くなる空間
クラウド・コンピューティング
AI
知の探求
想起する瞬間

Interview｜学

人間の知性を呼び覚ます、学びの時間軸を育む場

福岡伸一
Fukuoka Shinichi

Profile
生物学者。1959年東京生まれ。京都大学卒。青山学院大学教授・米国ロックフェラー大学客員教授。サントリー学芸賞を受賞し、80万部を超えるベストセラーとなった『生物と無生物のあいだ』（講談社現代新書）や『動的平衡』（木楽舎）など、「生命とは何か」を動的平衡論から問い直した著作を数多く発表。近刊に『ナチュラリスト──生命を愛でる人』（新潮社）。

生命のあり方に学ぶ建築デザインとは

生物学を学び、生命のあり方について考えてきた私は、時々、建築やデザイン分野の人たちから、生命に学んだ建築やデザインのヒントを求められることがある。だが、生命のあり方と人間がつくり出した人工物とは、根本的に違うところがいくつもある。もちろん形状として生命のように見えるデザインをつくることは可能だ。しかしそれは表層的に生命を真似ているに過ぎず、本当に生命のあり方を真似ているわけではない。

例えば、建築家・黒川紀章氏が手掛けた中銀カプセルタワービル。その名の通り、カプセル（部屋）を交換できる設計がなされたメタボリズムの代表例だ。メタボリズムとは1960~70年代に起きた建築運動で、生命の新陳代謝をテーマに、建築物も生き物として環境に柔軟で、細胞が増殖するように発展していくべきだとする運動のことである。しかし、中銀カプセルタワービルは一度もメタボリズムすることなく、現在も老朽化が進んでいる。

では、生命の特徴とはどのようなものなのか。私は「動的平衡」という言葉でそれを定義している。常に動きながらバランスを取り続けているのが生命である。さらに言えば、平衡を保つとはシーソーのような状態ではなく、もっと積極的に自分自身を壊しながらつくり変えることである。

こう話すと、「建築で言えば、伊勢神宮がそれにあたるのでは？」と言う人がいる。20年に一度、壊しては隣の敷地に新しいものを建てる式年遷宮は、「動的平衡」に似ているのではないかと。答えは「ノー」である。なぜなら、伊勢神宮はすべてを取り替えているからだ。しかし、生命的な建築物は、確かにある。例えば、日本最古の建築物で知られる法隆寺は、「動的平衡」の立場から見る

と生命的だ。今の法隆寺を構成している材木や瓦などは、飛鳥時代のものが残っているわけではなく、修復をしながら少しずつ、つくり替えられてきたものだ。ゆえに建築材としては、法隆寺はかなり新しい。法隆寺は、大きく変わらないために、絶えず小さく変わり続けている。それが、生命の大事なあり方だ。そして、もうひとつ大切なことは、生命は秩序をもっていて、その秩序を守るために絶えず自らの秩序を壊しながら、つくり替えているということだ。それゆえ生命体は、あらかじめ壊すことを前提につくられている。いつでもどこでも、あらゆる場所が壊せるようにできているのだ。

もし空間や建築で、生命的なあり方や持続可能性を目指すものを創造しようとするならば、つくることだけでなく、壊すことも考えてつくらなければならない。そういう生命が採用している方法に学ばなければ、建築や空間を真に維持することは難しい。

学びとは歴史性を再構築すること

インターネットの発展で、人々は簡単に物事を検索できるようになった。今後はAIの進化によって、あらゆることをAIが教えてくれるようになるだろう。しかしネット上に蓄積されている知識やAIが拠り所としているビッグデータという過去の履歴は、生命的だとは言えない。例えば、「ミトコンドリアとは」とネットで検索すると、それは細胞の中にあるエネルギーをつくっている小器官で、どういう構造だということがすぐにわかる。しかしネット上の知識が絶対に教えてくれないこともある。それは、その知識がどのように人間の文化史の中で学び取られてきたかという学びの時間軸だ。ネット上のほとんどの知識は、ミトコンドリアのことを教えてくれたとしても、それがどう発見され、その役割がどう解明されてきたかということまでは教えてくれない。学びには常に時間軸があり、そのことに気付いた人間のどういう苦労によって成り立ったのかというプロセスがある。そういう歴史性を自分の中で再構築していくことが学びの一番重要なことである。つまりネットは、個々の知識や人名、年号を調べるには便利ではあるけれど、それを知った後に、それがどのように構成されてきたのかという知識と知識の関係性を自分の中でつくらなければ、本当の学びにはならないのである。

無関係なものを結び付けられる
人間の知性

AIは過去の履歴を結び付けて最適値を教えてくれる。人間の知恵や知識は、過去に一度も起きていないことを考えることができる。過去の履歴を一旦壊して、新しい点と点を結び付けることもできる。それが人間の知性だ。であるならば、人間はもっと無関係なものを結び付けることに自身の知識を向けるべきだろう。例えば、最近の博物館は、いろいろなテーマに沿ってキュレーションされ、展示としては面白い。しかしキュレーションし過ぎると、ネットやAI同様、それを知っただけで満足してしまう。私自身は、正直なところ博物館は百科事典のように、あいうえお順に標本が並んでいるだけの方がうれしい。どの点と点を結ぶかは、人間の知性が行うことなのだから。今まで誰も結び付けていない2つの点を結ぶ、あるいは無関係な点を結ぶ。そういう創発性を育む空間はキュレーションをせず、ある一定のルールで材料や知識が並んでいる場所であることが望ましいのではないだろうか。

学考

間にあるもの
あいだ

藤森泰司
Fujimori Taiji

地域産材でつくる自分で
組み立てるつくえ

接着剤としてのデザイン

奈良 吉野｜2014年3月｜内田洋行＋
Re:吉野と暮らす会＋パワープレイス（制作・販売）
ワークショップ｜撮影：内田洋行（1）

奈良県吉野中学校における生徒用机のプロジェクト。机の天板部分を吉野ヒノキで制作。天板部分は生徒本人だけのものとして、入学時にワークショップで「自分で」つくり、卒業時には外して持ち帰る。ひとつのデザインが、地域と企業、地域内の産業、大人と子どもなどを結び付ける接着剤のような役割を担うことを目指した。

デザインの役割とは何だろうか。自身が主軸にしている家具デザインにおいて考えてみると、それは常に「間にあるもの」としてとらえられるかもしれない。具体的に言えば、自然環境や建築空間と人間の身体の間にあるものが家具である。人間を取り巻く環境の中で、ともすればサディスティックに投げ出される身体に、そこで行われる何らかの活動の「きっかけ」を与えること、もっと言えば、身体感覚の居場所を生み出すことが家具デザインの役割なのではないか。その居場所があることによって、環境／空間と身体が緩やかに継がっていくのである。家具＝間にあるものの領域は、既に見知っているアイテムにとらわれずに考えていくと、手に取れるような小さなものからより大きなスケールのものまで、途方もなく広がっていく。テクノロジーの発達に伴って、今の生活環境にどこかズレを感じるとすれば、そうしたまだ見えていないが確実に身体に浸透している時代の感受性を、形として発見することこそが、家具デザインの使命だと考えている。

1｜さまざまな表情を見せるヒノキ材
生徒用机と椅子。机のヒノキ材は、節があったりなかったりとさまざまな表情を見せる。同プロジェクトで椅子もデザインした。机と同様にフレームはスチール製で、背と座はヒノキ材を使用している。

2｜入学時のワークショップ
机の天板部分は、入学時のワークショップで自ら組み立てる。ヒノキ材の5つのパーツでできている。学校生活で最も身近な道具を、与えられるのではなく自分でつくることで、日常の道具に対する意識が変わっていく。

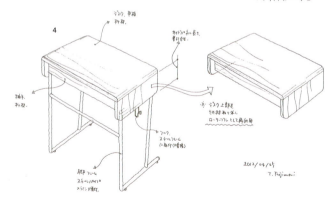

3 | 原木市場から
　　プロジェクトはスタート

林業がさかんで木の町として知られる吉野にて、ヒノキの原木が集まる市場の様子。この地域にふさわしい生徒用机を用意しようとプロジェクトがスタートした。

4 | 最初のコンセプトスケッチ

卒業時に何か記念になることがしたいとの要望がもとになっている。そこから、負荷のかかる脚フレームはスチールパイプ製とし、地域産材でつくる天板部分を取り外しできるというアイデアが生まれた。

5 | 自分でつくった机に座る生徒たち

プロジェクト初年度のワークショップ後、自らつくった机を自分たちで教室に運んだときの風景。制作時にサンドペーパーでことさらていねいに磨き上げていた少年は、愛着が湧いたのか教室でもずっと机を触り続けていた。

6 | 卒業の記念に天板を持ち帰る

3年間使用した後は、生徒それぞれが机の天板部分を外して持ち帰る。脚フレームは継続して使用し、次の新1年生がまた新しい机（天板部分）をつくる。写真はプロジェクトがスタートした年度の卒業時の様子。

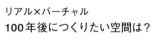

リアル×バーチャル
100年後につくりたい空間は？

空間は、本質的には今とそれほど変わらないのかもしれない。「バーチャル×リアル」という対比ももはや無意味になっていると想像できる。現在においても、その萌芽は日常に立ち現れている。ただ、人の「身体」そのものは残り続けるだろう。そうした100年後の身体感覚に静かに寄り添い、変わらないことと変わっていくことを引き受けながら、日常に生き続ける「家具」をつくりたい。

HOUSE VISION 2「内と外の間／家具と部屋の間」
TOTO・YKK AP × 五十嵐 淳・藤森泰司
撮影：長谷川健太

学 | 導

リアルな空間体験を ICTでそっと後押し

末吉隆彦
Sueyoshi Takahiko

「空」と「実」をつなぐ技術で社会に貢献したいと考えている。人は、しばしば現「実」世界の課題に直面したとき、目には見えない「空」の智慧と行き来することにより活路を見い出す。今、バーチャルとリアルの境界が不可分になる中、クウジットのICT活用の空間づくりのコンセプトは、実空間をセンシングし、ユーザに知的好奇心あふれる気付きを与え、そっと背中を押して行動変容を促す試みである。その原点は2010年東京国立博物館 法隆寺宝物館で実施した屋内測位技術を活用した展示ガイドにさかのぼり、2011年東京国立博物館「トーハクなび」、2016年山梨県立富士山世界遺産センター「ふじめぐり」へとつながる。ICTをもって場所に物語を語らせ空間と時間の感覚をより一層リアルに五感で感じる術を提供する。物語は主観的なものであり、結果的に、今ここにいる我々自身へと帰すのだ。「空」と「実」とをつなぐ技術で空間における新しい体験価値が創造されることを願っている。

東京国立博物館「トーハクなび」

来館者拡大に向けて、ICTが「きっかけ」を

東京国立博物館の公式ガイドアプリ（日・英対応）。総合文化展を鑑賞するため、コースや作品ガイド、インタラクティブな体験型コンテンツおよびスタンプラリーなどの機能が提供されている。一部のコースでは、来館者の位置に応じて自動的にガイドを再生する位置連動ガイド機能あり。

東京 上野 | 2012年4月 | 東京国立博物館、電通国際情報サービス、クウジット
インタラクティブコンテンツ | 撮影：石原哲人

1 | おすすめ作品の紹介
「トーハクなび」の「本館2階 日本美術の流れコース」「平成館 日本の考古コース」では、各展示コーナーにつき1点、合計23点ほどのおすすめ作品の音声ガイドと関連写真が紹介されている。

2 | AR機能を活用
「ふじめぐり」では、AR機能を活用したユニークなコンテンツを数多く搭載。例えば富士山に関わる歴史上の人物のフィギュアにカメラをかざすと、その人物が画面内に現れて逸話を語り出す。

山梨県立富士山世界遺産センター「ふじめぐり」

先端の位置情報やAR機能で富士山観光を支援

山梨県立富士山世界遺産センターの公式ガイドアプリ（日英中韓、タイ語、インドネシア語対応）。センター内の各展示に連動した自動ガイド機能や、さまざまなARコンテンツ、館外においても富士山近辺の観光場所に連動したスタンプラリー「御朱印スタンプ」機能などが提供されている。

山梨 富士河口湖 | 2016年6月
山梨県、乃村工藝社、ミュゼグラム
ガイドアプリ | 撮影：クウジット

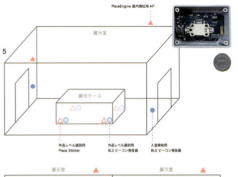

3 | 体験型コンテンツ
「トーハクなび」は、デジタルワークショップとして体験型コンテンツを収録。例えば、蒔絵の制作工程をスマホ上での「お絵かき」を通して体験、学習するなどで、幅広い年齢層に好評である。

4 | 現地検証による試行錯誤
初代「トーハクなび」貸出サービス（2011年1月～4月）に向けて、現地検証する当時の企画・デザイン・開発・検証チーム。心地良い体験づくりのためのコンテンツづくりと位置連動システムの試行錯誤。

5 | ログの分析による
　　サービス改善
屋内測位に、特製BLEビーコン（電池交換1年）を使用。「トーハクなび」では、BLEとWi-Fiを組み合わせた屋内測位インフラを常設型で導入。またログをサーバーにアップし分析、サービス改善にいかす。

6 | ビーコンによる
　　自動解説を実現
「ふじめぐり」でも、ビーコンによる位置連動機能を実現。各展示の近くに設置されたビーコンの電波により自動的にその展示の解説を行う。「御朱印スタンプ」をゲットできるお楽しみ特典も提供。

7 | アプリ仕様の入念な調整
山梨県立富士山世界遺産センターの完成が近づく中、「ふじめぐり」の企画検討も熱を帯びる。館での体験をICTで効果的に後押しすべく、アプリ詳細仕様についてチーム内での入念な調整が行われた。

リアル×バーチャル
100年後につくりたい空間は？

ウェル・ビーイング指向
×
ICT

ウェル・ビーイング指向の空間づくりを目指したい。人が身心ともに健康で幸せである状態は、あくまで主観的である。今後、経済の豊かさと人それぞれの幸せを両立させる価値を至上とする経済圏が生まれるであろう。その過程で繰り返す葛藤、人を取り巻く環境と心の界面が面白い。ウェル・ビーイング指向の空間づくり、そしてますます進化するテクノロジーがどのように人の幸せを後押しすべく活用されていくのか、その試行錯誤は、まさにこれからだ。

学｜想

背景と風景の横断

田中利岳
Tanaka Toshitake

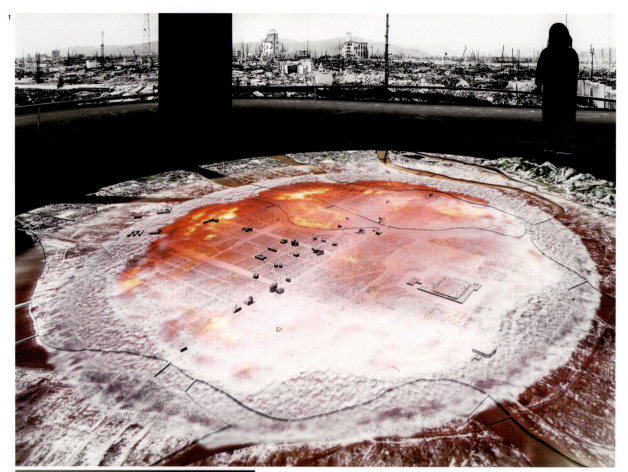

空間を考えるとは、空間を構成するものごとの背景と、その周りについて考えることなのかもしれない。背景が空間の質を担い、リアルな空間の風景に影響を与える。ものごとの背景と風景をひたすら横断し、思考を巡らすことで、解答となる空間が垣間見える。また、空間を構成するものごとが、ときには「ない」ことから始まる場合がある。これは、歴史的背景として文化・文明、尊厳や意味が消失した歴史を背負っているときである。広島平和はそのひとつの出来事と言える。原子爆弾によって一瞬にしてものごとがなくなったとき、そこからまた意味が生まれる。この一瞬になくなるということと、そこから始まるものごとへの解釈の仕方と横断の葛藤を記述し、なくなること、生まれることの意味を問いたい。

広島平和記念資料館東館

ものごとがなくなる時間

全館改修を見据えた資料館東館のリニューアル。1発の原爆により、ものごとが一瞬にしてなくなることの意味を考えたい。この激変する一瞬の空間体験を、「ヒロシマ」への想いの出発点とした。また、原爆から始まる出来事を「対」の関係として解釈し、記憶の顕在化に挑戦した。この光景を追体験する世界中の人々と共に平和への未来を手繰る。

広島 中島 ｜ 2017年4月 ｜ 丹青社
ミュージアムデザイン ｜ 撮影：ナカサ＆パートナーズ

1・3 ｜ ホワイトパノラマ
現在解り得る、広島市の被爆後の再現模型に被爆前・後の映像を重ね、「被爆の瞬間」を表現したプロジェクションマッピング。解説は一切なく、誰に対しても共通の情報を感覚に訴えることに徹した。

3

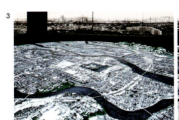

4

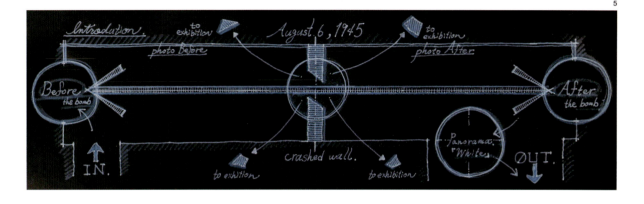

5

2 | 8月6日の壁
被爆の瞬間を示す物理的な壁。被爆前後を引き立たせることで、必然的に発生する奥行きのある狭間ととらえた。また、「8月6日（原爆が落とされた日）」の表示を壁内部から発光させ、閃光を暗に示し、空間体験上決定的な空気感の変化を模索した。

4 | 被爆の瞬間モデルダイアグラム
原子爆弾が落とされたことからすべてが始まったことを表現したダイアグラム。被爆前後、崩壊と復興、暗闇と彩、破片と全体など、「対」で解釈することによるデザインアプローチを試みた。モデル検討は、隔たりの奥行感を実証する。

5 | 展軸線
導入展示にて、被爆前後を空間体験として感じてもらうための直線軸のスタディスケッチ。軸の出発点（被爆前）に産業奨励館（現：原爆ドーム）、終着点（被爆後）に原爆ドームを配置し、その中央に8月6日の壁がそびえる。

6 | 被爆前後の風景
展軸線上の壁面環境表現。解説は一切せず、当時の広島のいきいきとした営みや子どもたちの笑顔が一瞬にして失われ、地獄の荒野と化したことを感じてもらうための直感的なデザインを試みた。「被爆者の視点」も意識している。

6

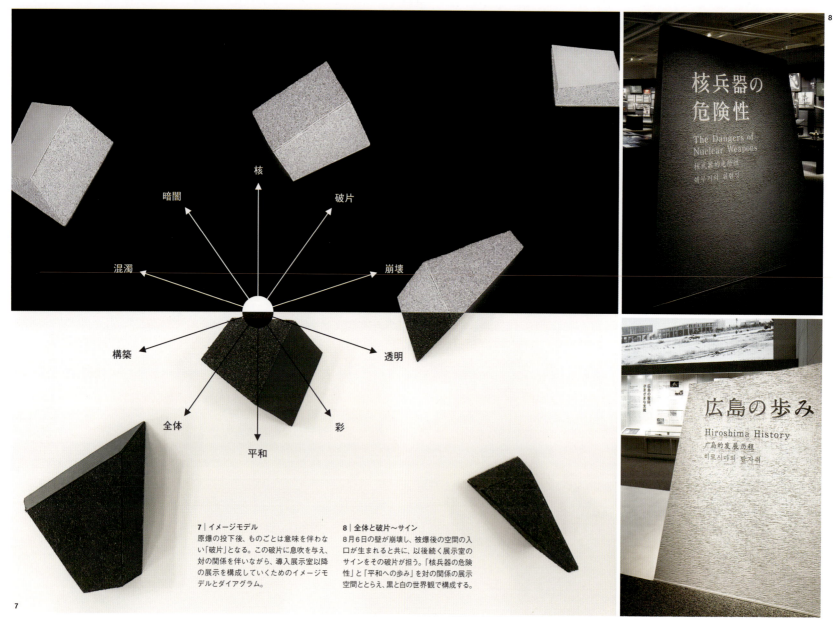

7 | イメージモデル
原爆の投下後、ものごとは意味を伴わない「破片」となる。この破片に息吹を与え、対の関係を伴いながら、導入展示室以降の展示を構成していくためのイメージモデルとダイアグラム。

8 | 全体と破片〜サイン
8月6日の壁が崩壊し、被爆後の空間の入口が生まれると共に、以後続く展示室のサインをその破片が担う。「核兵器の危険性」と「平和への歩み」を対の関係の展示空間ととらえ、黒と白の世界観で構成する。

9 | 暗闇と彩〜マテリアル
各展示室のテーマに即したマテリアルを検討、特に平和の歩みを感じ取ってもらう手立てとして、グラフィックや照明行燈に「折鶴再生紙」を選定、再生されるマテリアルで展示に息吹を与える。

10・11 | 混濁と透明〜メディアテーブル
核の脅威（3階）と平和への歩み（2階）をテーマに、広島市の象徴でもある川をモチーフとした巨大な情報検索テーブル。中央のテーブル映像は言語を超えて誰が見ても感じ取れるように、その展示室で伝えたいイメージを提供する。

リアル×バーチャル
100年後につくりたい空間は？

バーチャリリース・スペース

展示資料というリアルとどう向き合うかを展示デザインの醍醐味のひとつとしているが、資料によってはある種の制約や環境条件に応じて立ち向かうことが往々にしてある。デザインとしての自由度を極端に損なう側面がある。100年後のバーチャルにはこの制約の解放を期待してみるのも面白い。物理的にバーチャルが奥行きのある空気として開放する。二次元ではない、空間の解像度を上げていくニュアンスに近い。その空間のど真ん中に国宝の土偶が浮いて展示されることを夢見て。

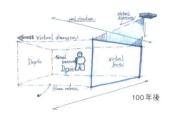

100年後

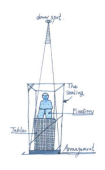

現在

学 | 隠

浮・動　空間

先崎綾華
Senzaki Ayaka

安川電機みらい館
驚きに溢れた不思議な空間

地域や社会に開かれたコミュニティ。ものづくりの楽しさ・凄さ・緻密さ、ロボットの最新技術などを、多くの人に体験してもらえる施設として、最先端技術を活かした展示となっている。RGBの光が床を流れるように走ったり、空間全体を青色の光で包み込んだりと、視覚的に驚きを与える空間としている。

福岡 北九州｜2015年6月｜空間デザイン
乃村工藝社｜企業ショールーム｜撮影：ナカサ＆パートナーズ

1｜FUTURE LOUNGE（1階）
1階部分は白色の間接照明を多用し、空間全体が柔らかな雰囲気を創出。空間の明るさを壁面から感じられるようにしている。天井の照明は展示物のみに照射し、展示スペースとそれ以外で光のボリュームに変化をつける。

2｜FUTURE EXPERIENCE（2階）
「競争・操作・強調」をテーマにロボットに触れ、ロボットの技術を体感できる空間。空間全体が青色に感じるようにブルーの間接照明を使用。ベース照明はグレアレスを使用し、間接照明が引き立つように考慮している。

「間接照明をどこにつくろう？」。照明計画を考える前に、一番に必ず考えること。灯具が直接見えない間接照明は、空間全体の明るさ感をつくり出し、光を感じさせることができる。

光は、ものにあたって初めて存在を感じられるものであり、黒子のような存在だが、大切な役割を担う。主張し過ぎても、しなくてもうまくいかない。心地良い空間、華やかな空間をつくる上での大切なエッセンスである。見せる光と隠す光のバランスを考える。光のきらめきを感じさせたい空間か、そうじゃないか。

陰影のバランスで凸を凹に見せたり、白いものをカラーに見せたりと、つくり手の感覚で変化をさせることができるのが、照明の面白さであり、また難しさだと感じる。

3

4

5

3-5｜光イメージ
いくつもの青い光、白い光、その他の光が重なり合い、あたかもタイムマシーンに乗り未来に向かっているかのようなイメージ。進んだ先には明るい兆し、新しい世界が待っていることを連想させられる。実際に、この空間の照明設計をする上で、1階の流れる光や、2階の青い間接照明などはこの3枚の写真のようなイメージを参考にし、頭に思い浮かべ、未来の空間を想像しながら設計した。

6｜流れる光（1階）
床面のライン照明はRGBで多様な色に変化。視覚的に何かを感じさせるように、色の変化に加え、光が流れる演出となっている。光の動きに合わせ人を誘導する効果を狙う。

7｜浮かびあがる光（2階）
什器の足元に間接照明を設けることで、什器が浮かび上がっているように見せることができる。周りの色温度より高い色温度の光を用いることでより近未来感を感じさせるように工夫している。

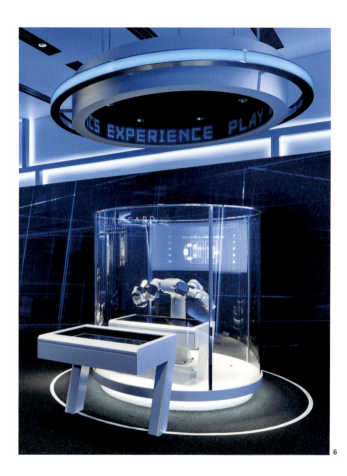

6

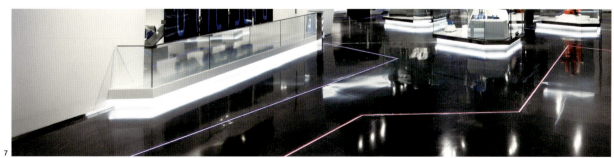

7

リアル×バーチャル
100年後につくりたい空間は？

Transformative Space

どのような用途にも柔軟に対応できる空間。床から100mm角のものが飛び出し、何百パターンもの組み合わせで家具や、什器、パーティションをつくり空間ができる。照明などの設備は、動作でON・OFFが切り替えできる。用途に合わせて変形しながら快適かつストレスなく使用できる空間。

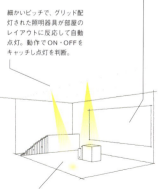

テレビ、インターフォン外部との連絡は壁に出てくる。

細かいピッチで、グリッド配灯された照明器具が部屋のレイアウトに反応して自動点灯。動作でON・OFFをキャッチし点灯を判断。

家具やパーティションは床面から飛び出してくる。テーブルだったり、椅子・机などあらゆる家具に変身。

123

学 | 伝

体験から発想した空間でメッセージを伝える

吉永光秀
Yoshinaga Mitsuhide

空間に足を踏み入れたとき、人は全身から多くの情報を感じ取る。見るもの、聴こえるもの、香るもの、触れるもの……。すべてが渾然一体となった「体験」を、人はその空間で受け取るのである。
我々の空間デザインは、それぞれの空間で「あるべき体験」をイメージするところから始まる。そこからの空間。体験から発想された空間には、心の奥深くに訴えかける力強さと優しさが宿る。すべては、メッセージを伝え切るためのデザインアプローチなのである。
そして、空間にはそれぞれ個別のメッセージが宿っていると同時に、それを伝えるためのストーリーもまた存在している。インテリアと称される内装演出は、そのストーリーをより深く、わかりやすく体験してもらうためのもの。ストーリーにこだわり抜いた空間とインテリアのデザイン。我々が目指すのはそこで過ごす人の時間をていねいに紡ぐデザインである。どんな空間にも物語があるのである。

予科練平和記念館

巨大な展示装置としての建築

太平洋戦争末期、特攻隊として多くの犠牲者を出した予科練の歴史を通じ、命の尊さと平和への認識を深めてもらうための施設である。建築・展示の一貫設計により、施設全体でメッセージを発信する巨大な展示装置としての建築を実現。空を見せることを最大の特徴としたデザインがその効果をさらに高めるものとなった。

茨城 稲敷｜2010年2月｜乃村工藝社
ミュージアムデザイン、建築デザイン｜撮影：淺川敏

1｜少年たちが見た空
光の移ろいがデザインのエッセンスとなる。展示と展示の間で見る窓からは、来館者に、当時の少年たちが見たであろう空と、現在の自分が見る空とを、心の中で重ね合せてもらうことを狙った。

2｜デザインを引き出すメモ
建築や展示のデザインを引き出すためにキーワードを書き出し、メモを取る。「情景としての空」と「恐怖としての空」を重ねることで、予科練生にとっての空の意味を考えてイメージする。

"情景と恐怖"
情景としての空、恐怖としての空
予科練生にとって空とは何を意味していたのか

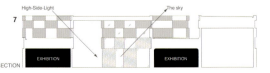

3・8｜空をグラフィックとして取り入れる
窓から切り取られた空そのものがメッセージグラフィックとなる。

4-7｜7つのテーマ、7つの空間
空を目指した少年たちの憧れであった、海軍の7つボタンをモチーフに7つのテーマを設定。7つの空間でストーリー化した。各テーマをつなぐ高天空間では空を感じつつ展示の印象を深め、次への導入効果を狙った。

9｜光による「命」の表現
特攻隊で亡くなった約二万人の少年たちの命の数を光で表現。

10｜白と黒で「死」を表現
憧れの飛行訓練も、死と隣り合わせであったことを白と黒の内装造作で表現。

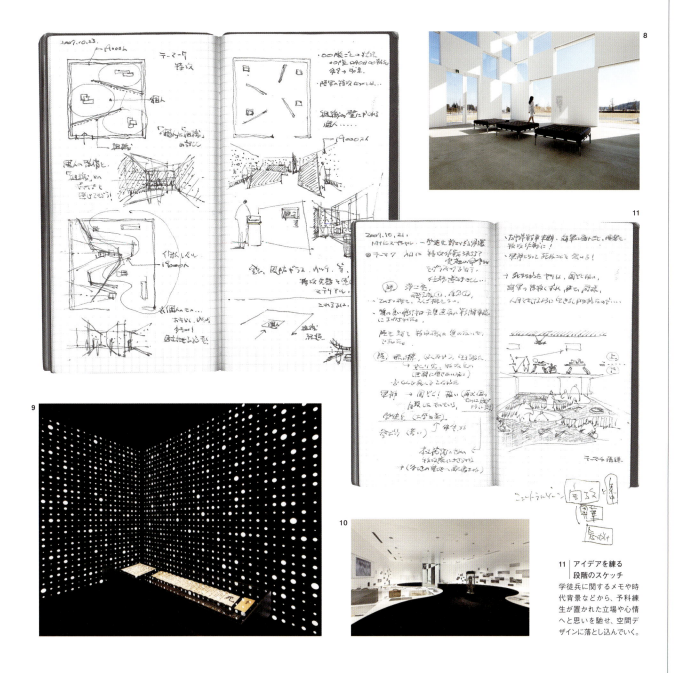

リアル×バーチャル
100年後につくりたい空間は？

100年後というリアリティのない時間軸の創造は私にはできない。自分のモットーはどちらかといえば「100年後でも残る空間づくり」である。100年後に価値をもつ空間とはそういうものであるべきだろうし、その時にできる新しい価値もあるだろう。そういうものつくっていきたいし、その瞬間に生きていたとしても、きっと同じことを言っていると思う。

11 | アイデアを練る段階のスケッチ
学徒兵に関するメモや時代背景などから、予科練生が置かれた立場や心情へと思いを馳せ、空間デザインに落とし込んでいく。

学｜託

地域に根ざした活動のその先

酒井 亨
Sakai Akira

50代半ばのころ、近い将来をぼんやり想いつつ、泡が抜けてゆくシャンパンのように日々を送っていた。そんなある寒い春先の午後、部下と打ち合わせをしていると、それは突然襲ってきた。2011年3月11日。東日本大震災の発生である。津波で多くの人命と生活が奪われ、原発事故のため住民が大移動を余儀なくされるなど悲惨な結果をもたらしただけでなく、地域固有の文化や記録も記憶も剥奪されたのだ。その日を境に仕事に向き合う考え方が改まった。地域の根源にある風土や歴史文化、人々についてもっと触れ、関わり、知識や経験を積極的に広く若者に託していくべきだと。「工芸継承」はこのような意識にそった良い機会として担当させていただいた仕事である。このときに出会った若者たちは、私から未来に向けて何らかの形で影響を受けたはずである。今、年齢とともにこの意識は強さを増し、若者たちとの関わりを大切にしている。これも文字通り「継承」だ。50代半ばで気付いたことはとても良かった。

東北歴史博物館　特別展「工芸継承」

近代デザインの発祥を伝え、新たな創作へつなぐ

1928年（昭和3年）世界に向け仙台に設立された日本初の先駆的施設、商工省国立工芸指導所の存在と功績を伝えるとともに、一般参加した若者たちによる「継承」としての新たな工芸の創作活動と成果を展示した。

宮城 多賀城｜2017年1月｜乃村工藝社
企画展会場デザイン｜撮影：酒井 亨

1｜プロローグ
会場導入部分のインパクトを高めるため、当時の場の空気や関係者の息吹を来場者に伝えるべく、記録写真を等身大に拡大したモノトーンの空間デザインを行った。

2｜エスキース
入口の手前から内部が見えてしまうのは期待感を損なうため、結界としての壁で遮蔽された空間を設けた。壁ごとに情報を提示し、会場の深部へと誘う演出を図った。

3｜資料選定作業風景
膨大な数の資料（試作品）を見ながら、新作工芸のモチーフとするものを選定しているシーン。参加した高校生、大学生、若手職人たちが意見交換する貴重な現場に立ち会う。

4｜展示企画ワーキング風景
木工、箪笥、木箱、漆芸の4つのチームに分かれ、新作工芸の企画、デザイン、展示形態についての協議が幾度も行われた。学芸員の方々とともに支援し、作品展示手法の助言にも関わる。

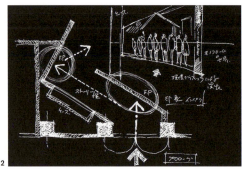

リアル×バーチャル
100年後につくりたい空間は？

モノ、コトのイメージや詳細情報を、例えばケースに触れるだけで年齢や使用言語を自動認識し、直接的に脳へ送り込める、身体へのダウンロードとも言うべきリアルバーチャル空間を考えてみた。1920年に描かれた絵空事の多くが、100年後には何らかの形で現実化したことを振り返ると、2120年には医学、脳科学、情報通信工学などの先端科学分野と空間デザインが融合し、こんなことも可能になるのではないだろうか。

学｜伝

創造のコミュニケーション

荒木秀暢
Araki Hidenobu

デザインをする上で大切なのは「伝わること」であると思う。私は、コミュニケーションは好きだが、話すことは苦手である。歌や料理など日頃生活の中で当たり前のように触れているものも、何かを伝えるという役割をもっていて、より豊かな生活と結び付けるツールではないかなと思う。

空間デザインもそのひとつではないだろうか。ショールームというプロモーション空間で、訪問した人たちに向けて企業の活動、技術を伝える。それが学びになり日本の産業が発展していき、回り回って会ったこともない誰かに伝わると思うと、空間デザイナーとして喜ばしいことである。

しかし、メディアでもそうだが、「伝える」ことの本質を間違えると、受け取る側を困惑させ、路頭に迷わせる危険性も兼ね揃えている。伝える前に伝えたいことと向きあう。伝わる空間をつくる上で、このフローは大事にしたいと思う。

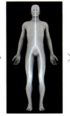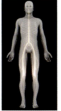

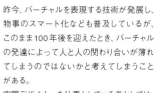

サイバーダインショールーム
未来開拓への挑戦を伝える場

未来へと広がる活動を創造する「伝える場」にしたいという思いから始まったショールーム。人、ロボット、情報系の融合複合技術による人に寄り添う革新的テクノロジー。それらを感じ取り、研究者や開発者が「未来開拓への挑戦」の可能性を探り、学ぶ機会になるような五感に訴えかける空間を目指した。

茨城 つくば｜2017年5月｜フジヤ ショールームデザイン
撮影：クドウオリジナルフォト

1｜体験部
脳で考えたことが筋肉へ、そして動作を適切にアシストしたとき、「動いた！」という感覚のフィードバックが脳へ送られる。この一連の動作原理を表現するためのアタック。

2｜導入部
入口から奥へと導く3次曲線のアーチは、HAL®を動作させるのに重要な神経を通じて、脳から筋肉へと伝達される信号のイメージを体現。画像は有機を検証するCADでの3Dイメージ。

リアル×バーチャル
100年後につくりたい空間は？

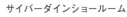
バーチャBOX

昨今、バーチャルを表現する技術が発展し、物事のスマート化なども普及しているが、このまま100年後を迎えたとき、バーチャルの発達によって人と人の関わり合いが薄れてしまうのではないかと考えてしまうことがある。
空間デザイナーを仕事としている者としては、何事もリアルであることはすごく重要であると考えている。バーチャルでありながらリアルがそこに存在することで、人と人が関わり合える。そんな場所、時間の物理的な垣根を越えたコミュニケーション空間が生み出せればと思う。

BOX 1

BOX 2

学｜育

「小さな学びの芽」を育てるデザインの思考

上原 裕
Uehara Yutaka

ミュージアムづくりにおける命題は「上質な学び」の追求であり、設計者は常にそれを目指し、さまざまなアプローチで空間と向き合っている。良いミュージアムとは、展示資料や情報が学びの「種」となり、コンセプトやストーリー、グラフィックや映像、空間環境など展示を取り巻く要素が「水や太陽、土壌」となり、利用者の心に「小さな気付きや発見」として芽吹かせる。そして利用者それぞれの経験や生活とつながり、学びの大きな連鎖を創発していく。大切なものは、「健康な種」となる正しい情報のアウトプットの仕組みと、「自由な発芽」を促す感性を刺激する情報インプットの環境。ミュージアムデザインには、新たな価値を慮る設計者思考と、利用者の感性への響きを慮るユーザー思考が必要と考える。この対局的な思考を往き来しながら、「上質な学びを育む空間とは？」という問いの答えを探すプロセスを楽しむ行為は、ミュージアムづくりの醍醐味。そうした創造のもがきと楽しみのかけらひとつ一つが人の心を動かし、「小さな学びの芽」を育てる。

国立科学博物館
親と子のたんけんひろば コンパス

未就学世代のファーストタッチミュージアム

科博が有する第一級の資料と、子どもたちの主体的活動を誘発する遊びの仕掛けを融合した新たなミュージアム空間。体験を共有する、一緒につくる、身体を触れ合わせるなど、親子の豊かなコミュニケーションを育むとともに、子どもたちが遊びや会話を通じて本物と出会い、科学への興味・発見を広げることを目指した。

東京 上野｜2015年7月
乃村工藝社・丹青社｜ミュージアムデザイン
撮影：フォワードストローク

1｜ホンモノに触れられる展示
子どもたちの好奇心や遊び心、挑戦心を刺激する空間的仕掛けと、圧倒的な「ホンモノ」に触れることを通じて親子の多様なコミュニケーションを育む、科博にしかできない親と子の展示空間。

2｜カハクのマドの内部
上からのぞいたり下から見上げたり、身体全体で空間を探りながら剥製に出会うことができる。子どもの主体的な動きを大切にした回遊空間。

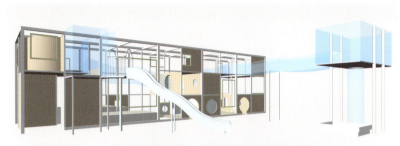

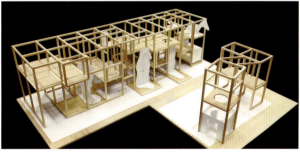

3 | 模型によるスタディ
基本的な空間構成は模型を作成し、検討を重ねた。空間を俯瞰しながら、子どもたちのさまざまな動きをシミュレーションした。
ⓐ 四方を剥製群に囲まれた初期のスタディ。
ⓑ 剥製のツリーハウスを中心に置いた回遊型のプラン。
ⓒ ジャングルジム型の「カハクのマド」と広場の構成に着目。

4 | カハクのマドの構築
CGにより、空間の広さや高さ、つながりや起伏など、子どもの目線で空間構造を確認。のぼる、もぐる、のぞくといったアクティブな視点変化の配置と安全性の検討を十分に重ねた。

5 | 剥製の配置とポジション
あらかたの構造が決まった段階で、詳細な模型を作成。主だった剥製モデルを入れ込み、上下左右などさまざまな角度から見え方をチェック。展示する剥製の配置やポジションを検証した。

6 | 色と組み合わせの効果
色彩による感性への働き掛けも重要となる。今までの科博にはない新しい配色を取り入れ、子どもたちの意識を活性化する、ワクワクと心踊るファーストタッチミュージアム空間を目指した。

リアル×バーチャル
100年後につくりたい空間は？

日本的地域コミュニティーの拠点、銭湯の復活

100年後日本はどうなっているのか？ 過去100年の軌跡をたどると、街も生活も大きく様相を変えていることは容易に想像できる。東京を例に挙げても、ここ数十年で全く違う場所のように様変わりしていった。子どものころまでは隣三軒の行き来は日常で、路地を歩けば必ず誰かに声を掛けられるほど、街にはコミュニティー機能が存在した。多分あと数十年後にはあらゆる場所で街の再構成が図られ、生活の舞台であった路地文化も消滅し、身の回りはITに支配され、バーチャルなコミュニケーションですべて事足りる時代に向かっていくのではないか。もし、そんな仮説が成り立つとしたら、100年後の日本の街には、リアルなコミュニケーションが生まれる場がほとんどなくなっているに違いない。少し昔、街には必ず唐破風の屋根を堂々と載せた銭湯があり（どうやらこれは東京独特らしいが）、地域コミュニティーのシンボルだった。老若男女が三々五々集まり、飾り気ない裸の付き合いが生まれる場所。元来日本人は風呂好きな民族で、江戸時代から銭湯は庶民の憩いの場所だった。何年経とうがその性質は変わるものではなく、100年先の未来にもラグジュアリーな温浴場はあるだろう。しかし、コミュニティーが廃れた街に必要なのは、昔ながらの敷居の低い庶民のための空間なのだ。もし、100年後の未来につくるとしたら、きっと消滅しているだろう「THE銭湯」を復活したい。そこにはやっぱり、唐破風の屋根と暖簾と下駄箱と番台と富士山は外せない。

学｜発

情報を空間化する

執行昭彦
Shigyo Akihiko

国立科学博物館 地球史ナビゲーター
138億年の物語を発想する

138億年という壮大なドラマを空間化する。最初は伝えなければならない情報の骨格しかなく、雲をつかむような議論が長く続いた。デザイナーからの発想で視覚化するのが突破口になるのでは？ 科学のフィルターを通して見た宇宙・地球の歴史を自分なりに絵にすることでイメージの共有が始まりプロジェクトは進み始めた。

東京 上野｜2015年7月
乃村工藝社・丹青社｜ミュージアムデザイン
撮影：執行昭彦、フォワードストローク
奥村浩司

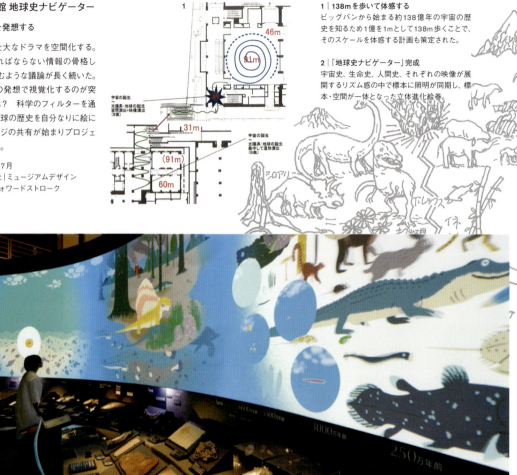

1｜138mを歩いて体感する
ビッグバンから始まる約138億年の宇宙の歴史を知るため1億を1mとして138m歩くことで、そのスケールを体感する計画も策定された。

2｜「地球史ナビゲーター」完成
宇宙史、生命史、人間史、それぞれの映像が展開するリズム感の中で標本に照明が同期し、標本・空間が一体となった立体進化絵巻。

「博物館は必要なのか？」ITC技術の進歩により、博物館や美術館にわざわざ足を運ぶことなく、求められる情報は瞬時に得られる社会に進化した。インターネットの中の情報と博物館で得られる情報の違いは何なのか？ まず「本物に触れられる」こと、そして「空間のドラマを体験する」ことに尽きる。「五感に訴える」と言われるが、デジタルとの違いは身体性を伴うことが重要である。空間のドラマは情報を読み解き、ストーリーを構築し、演出手法を組み合わせるステップを踏むことで「そこにしかない場所」をつくりあげる。デザイナーは形や色を考えるだけでなく、伝える情報を空間化しなければならない。リアルとデジタルのはざまで、そこに行ってみないと体験できない場所を人々は求めているに違いない。

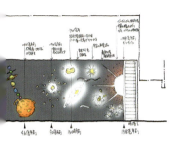
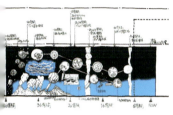
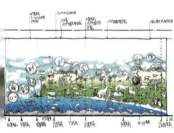

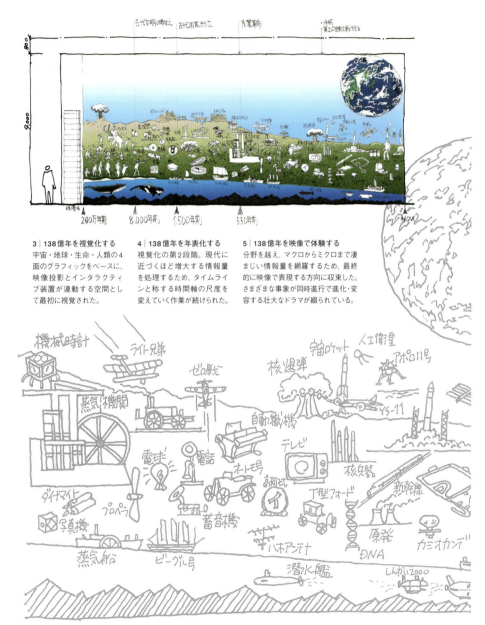

3 | 138億年を視覚化する
宇宙・地球・生命・人類の4面のグラフィックをベースに、映像投影とインタラクティブ装置が連動する空間として最初に視覚された。

4 | 138億年を年表化する
視覚化の第2段階。現代に近づくほど増大する情報量を処理するため、タイムラインと称する時間軸の尺度を変えていく作業が続けられた。

5 | 138億年を映像で体験する
分野を越え、マクロからミクロまで凄まじい情報量を網羅するため、最終的に映像で表現する方向に収束した。さまざまな事象が同時進行で進化・変容する壮大なドラマが綴られている。

リアル×バーチャル
100年後につくりたい空間は？

百年後に完成する世界遺産

古代の原生林を創造するため、明治神宮に植えられた樹木は現在の植生と異なり針葉樹が多かったという。30年以上前に世界遺産、屋久島の淀川歩道橋から眼にした風景は私のイメージの中にある「桃源郷」である。自分が存在しない100年後の世界で、完成する空間をつくることを想像してみる。破壊された環境の中に一粒の種を植えるのか、一筋の水脈をつくることなのか。「桃源郷」は100年後に完成する。

学 | 整

関係性の視覚化

石河孝浩
Ishikawa Takahiro

デザインはその空間を通して凝縮したメッセージを伝える表現行為だと考えている。見せたいものや伝えたいことが多くある状況からスタートするプロジェクトも少なくないが、まずはそれらを読み込み、さらにその背景や空間条件を読み込み、メッセージの核心が何であるのかを視覚化すべく、情報を整理していく。

廃校利活用による整備である、ふじのくに地球環境史ミュージアムでは、学びの場で使われていた学習机や椅子に新たな関係性を構築し、それらが伝えたいメッセージを語り出す空間の実現を考えた。そこで、メッセージを込めた新たな関係性がそのまま空間デザインとなるシンプルな空間構造とした。「シンプル」は、単純な形であり、無駄のない形がひとつの意味であるが、最小限の要素で、最大限のメッセージを伝えることのできる形であるととらえている。数々の模型のスタディを重ね、手を動かすことと、資料やその背景を読み込み、頭で考えることを行き来する中で、「形をつくる」というよりも、ふさわしい「関係性を見つける」という空間へのアプローチを大切にしている。

ふじのくに地球環境史ミュージアム

思考を拓くミュージアム

静岡県立初の自然系博物館であり、全国初となる地球環境史の博物館。活動テーマ「百年後の静岡が豊かであるために」の具現化にあたり、自ら考え、行動の実践へと導くことを目指し、「学び／考える場」という学校環境をいかした「思考を拓くミュージアム」をコンセプトとしてデザインした。

静岡 大谷 | 2016年3月
丹青社 | ミュージアムデザイン
撮影：ナカサ&パートナーズ（1〜10）、氏デザイン（11）

1 | 場所の記憶
県立高等学校の廃校再利用による整備であったことから、学校という場所のもつ記憶を、別の形でもう一度引き出すことを考えた。

2 | 展示による思考体験
各展示室では学校の椅子や机、黒板などの要素を活用、再構成し、伝えたいメッセージを表現するというデザイン空間とした。写真は「潜考」を表現した展示室。上下反転して組み合わせた学習机で構成したケースの配置により、水面ラインをデザイン。海に潜む生物の不思議を考える思考体験の場とした。

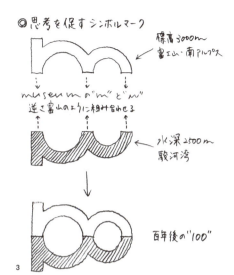
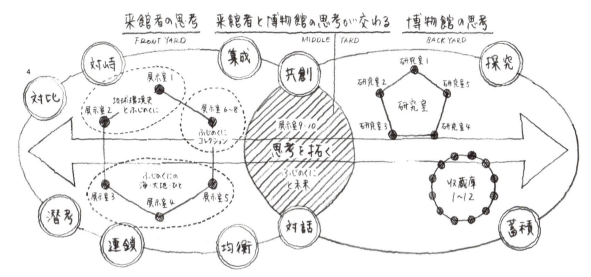

3 | シンボルマークの検討
館との最初の出会いになるシンボルマークは、思考型ミュージアムの象徴として、マークそのものが思考を誘発するアイテムと位置付け、デザインの起点とした。館が目指す思考のあり方は、あるものを多面的に見て最適解を見つけることである。そこで、複数の見方ができるマークとし、思考のビジュアル化を試みた。

4 | 思考の関係性の整理
来館者は、自然と人間の関わりを思考し、博物館は、学芸員や研究者の思考（研究のプロセスや成果など）を伝える。両者の思考が交わることで、新たな思考を拓く空間を考えた。

5 | テーマの視覚化
展示室ごとに資料とその空間で伝えたいメッセージをもとにした思考体験を、コンセプトワードと図形を用い、直感的にそれが感じられるように視覚化を行った。

6 | 立体による検討
検討の際は、紙の上での検討はもちろん、模型による立体検討も行うことを心掛けている。多角的に検証することで、ふさわしいアイデアを見出していく。

各展示室の空間デザインと検討時のコンセプト模型

来館者が、各展示室に入るとまず目にするのは、誰もが自身の経験の中で必ず目にしている学習机や椅子である。しかし、それらの什器は、傾いていたりと、通常のレイアウトとは異なる配置となっている。学校什器を活用したのは、身に染み込んでいるであろう過去の学びの経験を再び体に思い起こさせることを狙ったもので、それを本来とは異なる使い方とすることで、新たな意味を考えることを誘発するデザインとした。また、什器だけでなく室名を表す番号サインなど空間に関わる要素をトータルに検討し、施設全体が一体感のあるデザインとなるようスタディを繰り返した。

7｜展示室5
人と自然の接点とバランスの変化を感じ取る空間。コンセプトワードは「均衡」。天秤型造作の両端の椅子の上に、人の暮らしと自然を表す模型を一対で配置。縄文〜弥生〜江戸〜現代の人と自然の関係の変化を、傾きにより伝えている。

8｜展示室1
地球環境史という学問に出会う空間。コンセプトワードは「対峙」。黒板をイメージした黒い壁造作に向かい合うように置かれた一組の学習机と椅子。学校＝学びの場＝を象徴した導入空間で「豊かさとは何か」を考えるきっかけとなる場をつくり出した。

9｜展示室4
大地に暮らす生命のつながりを辿る空間。コンセプトワードは「連鎖」。一連に連なる図工椅子の上部に重ねるように、食物連鎖を表す大型グラフィックと実物資料（動植物の剥製や標本など）を配置。生命の連鎖を表現した。

11｜一貫したコンセプトによる広報
不特定多数の人が目にするポスターやwebサイト、学芸員と来館者をつなぐ名刺、館の情報を届ける封筒など（写真はその一部）。近年行っている空間デザインでは、物理的実体をもつ「場」にとどまらないよう心掛けている。施設を総合的に見て、一貫したコンセプトでデザインがされているかを大切にしたいと考えている。

12｜空間の要素としての人
デザインの対象はモノやコトに加え、コトを実現するための仕組みづくりにも及ぶ。ここでは元学校であることも活かし、学校環境で欠かせない先生を空間を構成する要素として位置付けた提案も行い、「対話」をコンセプトワードとし、人と環境の最適な関係について議論する空間も設定した。

10｜サインによる体験の暗示
展示室入口には、学校のクラスの番号のように展示室を番号で表した数字を表示。それは、室名を示すサイン機能だけでなく、各展示室で設定している思考を促すデザインを踏襲。展示室内の思考体験を暗示させる機能をもたせた。

リアル×バーチャル
100年後につくりたい空間は？

　想像⇒創造

『ドラえもん』に出てくる「どこでもドア」のように、空間と空間をつなぐドアを入口とする空間。ドアノブに手をかけるとイメージした場所がその奥にビジュアライズされ、ドアを開けるとその場所が広がる。人工衛星の位置情報と気象情報を活用し、リアルタイムでイメージした場所をレンダリングし、空間への投影と空調を行う。「想像」したことがインプットとなり、アウトプットとしてリアルな空間が「創造」されるバーチャル体験空間を思い描いた。

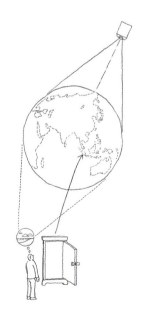

学

軸

縦軸、横軸

土居一美
Doi Kazumi

軸には不思議な魅力を感じる。偶然はない。必然しかない。軸線をたどり軸線の必然を考える。東西南北そして中心（自分）に身を置き360度見る。偶然はない。縦軸を見つめ横軸を辿る。未来と過去が縦軸だとすると横軸は平和と戦争。広島で生まれ広島に育った、この地に自分との因果を探る。この場所と関わりも偶然ではない。母は原爆体験者である。これもまた必然ならば、二世としての自分もまた、この場所と関わる必然があるのだろうか。原爆投下から73年、今も世界には原子爆弾が存在している。それも必然なのかを原爆投下から学び、いつか縦軸の先に消えていることを横軸から願う。

広島おりづるタワー
未来につながる場所

この地でしか伝えられない「哀しみ」があり、この地でしか感じられない「希望」がある。

広島 大手町｜2016年9月
乃村工藝社
アミューズメントデザイン
撮影：野村和慎

1｜おりづるの壁
PIECE CYLINDER
復興した人間の強さ、ここから未来へつながる場として、おりづるの壁 PIECE CYLINDER が生まれた。紙を折り、祈りを込める、平和の「心が集まる」この風景を世界の人に伝えたいと願う。

2｜3つのデザイン
モチーフ
「おりづる」をテーマに「折」「巻」「紙」の3つのデザインモチーフをすべてのデザイン（空間・映像・CI・媒体）に展開。未来に向けて世界中の人たちの笑顔がこの場で満ちるよう願っている。

3｜コンセプトムービー
折り紙をモチーフに、ゼロから復興していく姿をCGにて表現。

ⓐ ロゴデザイン
ⓑ アイデアスケッチ

リアル×バーチャル
100年後につくりたい空間は？

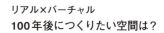

今地球上には人間以外のさまざまな生物が存在しているが、100年後は人口減少と地球上の他生命の増大が予測されている。生命体の質量は100年後も変化せず、仮に他生命体が増大すると想定すれば、人間との共存の必要性が生まれる。100年後の動物園では、リアルとバーチャル展示から本来の生態を紹介し、動物への理解を深めることにより、あらゆる危険性の指摘・警告ができるだろう。増大した生命体の教育施設として、縦軸を感じる生物園をつくり、今の横軸を歴史に残したい。

virtual ball
real giraffe & bear
virtual explanation

健
すこやか

健康・医療・福祉空間
ユニバーサルデザインの根源
超高齢化社会
生きる空間
ハビタット

Interview | 健

空間デザインに
多様な補助線を

赤池 学
Akaike Manabu

Profile
ユニバーサルデザイン総合研究所所長。1958年東京生まれ。環境・福祉対応の商品・地域開発を手掛け、地域資源を活用した数多くのものづくりプロジェクトに参画。科学技術ジャーナリストとして、製造業技術を中心とした執筆、評論、講演にも取り組む。グッドデザイン賞金賞、JAPAN SHOP SYSTEM AWARDS最優秀賞、KU/KAN賞など、産業デザインの分野で数多くの顕彰を受けている。

ユニバーサルデザインの哲学

ユニバーサルデザイン総合研究所を立ち上げて20数年が経つ。今やユニバーサルデザイン(以下UD)という言葉を知らない人はほとんどいないと思うが、その本来の意味や哲学を理解している人はどれほどいるだろうか。UDの根本は「Design for All」であり、4つのステークホルダーとシェアできるデザインを形にすることだ。ひとつ目のステークホルダーは、70億人の人間。高齢者、健常者、障がい者、子どもたち、多様な地球市民とシェアするデザインを考えること。2つ目は、子どもだ。今を生きる子どもたちはもちろん、まだ生まれていない次代の子孫たちとシェアできるデザインを考えること。3つ目は、次代に継承すべき価値を生み出した、亡き先人たちとシェアできるデザイン。4つ目は、人間を含むすべての生物、自然生態系とシェアできるデザインである。

しかし、現時点での一般的なUDの理解は、ひとつ目に挙げたレイヤーに終始しているように思う。多くの建築家がUDを手掛けてはいるが、障がい者や高齢者といった特定の人に配慮するバリアフリーデザインの域に留まり、UDが狭義なコンセプトになってしまっていることは否めない。
4つのステークホルダーがバランスよく発展して初めて、本来UDというものがとらえられる。そのためには、もう一度、「Design for All」のAllとは何かを考えることだ。その上で、社会的な価値やビジネスとしてのインパクトをどう生み出していくのか、4つのステークホルダーと結び付けながら空間や場のデザインをすることが大切だと思う。

求められる空間の総合的デザイン

これから空間や場のデザインに携わるクリエイターは、発信性のある場所や空間単体

だけでなく、それが街や都市の中でどういうつながりを形成していくのか、どう移動させるのかということまで考えるよう求められるだろう。

例えば、2018年9月にリニューアルオープンした日本橋の髙島屋が活況だ。観察してみると、リニューアルによっていくつか劇的に変わった点が見られる。例えば、ベビーバギーに子どもを乗せたママたちの客層が増えていること。それはつまり高層マンションが立ち並ぶ海側から日本橋の方にまで人が動いてくる人流が起きていることを示す。今後、舟運や水上バスでの移動サービスが始まれば、今までとはまた違った人の流れが形成されるだろう。

他方、日曜日の日本橋エリアはどうか。日本橋には髙島屋のほかにオフィスビルや老舗、企業のパーキングなどがある。そういう空間をいかにチャーミングなサードプレイスとして発展させるのか。商業施設などの発信性ある空間だけでなく、その周辺とどうつながるのかも含めて、これからは空間を総合的にデザインしていかなければならない。

広がる空間デザインのフィールド

空間デザイナーが考えなければならないことは、ほかにもある。新たに空間や場をデザインしたとき、エネルギーをどうデザインするかも、今後、喫緊の課題として直面するはずだ。単一の空間にエネルギーを供給する従来の発想が根底から崩れ、商業施設で必要とするエネルギーは再生可能エネルギーや燃料電池で賄い、余剰電力は周辺にあるサードプレイスへ供給するといったコミュニティレベルでのエネルギーデザインまでが求められるようになるだろう。

これまで街づくりは、都市工学の専門家たちが担ってきた。しかし、これからの街づくりやコミュニティづくりは、空間デザインやディスプレイデザインの発想で進めていかなければならないと思う。つまり、空間デザイナーたちは、空間はもとより、それに関わるものやその周辺にあるものに対する補助線を引けなければならない。エネルギー、交通システム、コンテンツ……あらゆるものにどう補助線を引くかが問われるようになるのだ。

さらに踏み込めば、バーチャルなコミュニティのデザインも空間デザインのフィールドになってくるだろう。少なくともそこで魅力的な場をデザインできるのは、空間デザイン系の人間だと私は思う。

人にとっての喜びとは何か

建築空間における安心・安全は当然のものとなり、そこからさらに健康や快適性が求められてきた。そしてこれからは、well-being（幸福や喜び）が求められる時代がくるだろう。そのとき、我々クリエイターは改めて、そういう空間や場をつくる価値とは何かを考えることになる。

日本は高齢化問題を抱えているが、中長期で考えれば最も深刻なのは少子化問題だ。今、世界中でSDGsの達成が進められているが、私はその18番目のゴールに「キッズデザイン」を入れるべきだと考えている。持続可能な社会のメインプレーヤーは子どもであり、その子を産む母親であり、育てる父親であり、さらに言えばコミュニティだ。その聖地となるような空間や場のデザインをUDの原点に立ち戻って形にしていくことが、幸福や喜びにつながるのではないだろうか。

また、これからの空間には当たり前のようにVRが取り入れられ、AIで快適な空間制御をするようになるだろう。一方で、AIやVR、IoTを介さずに、私たちは一体どこに喜びや楽しさを感じるのかという知的資本としての人間のことを、今一度、考えなければならない時代を迎えているのだと思う。

健 | 観

見えないものを見えるようにする

仲 綾子
Naka Ayako

私たちには見えているようで見えていないものがある。例えば、子どもの行動をつぶさに観察すると、そこにある特性が存在することが見えてくる。人々の思いを尋ねると、多様な振れ幅とともに共通する傾向が見えてくる。ただ眺めているだけではわからないことを調査・分析によって見えるようにする。その上で、そこから大きく飛躍してデザインとして昇華したい。研究成果をそのまま形にするのではなく、たしかな研究を基盤にどれだけ高くジャンプできるかがデザインにとって大切だと考えている。そして、見ることによって視野が狭くならないよう、時間軸を意識し、そもそもどうだったのか、今後どうなっていくのか考えを巡らせている。さらに、今考えていることはここだけに対応するものなのか、ほかにも適用できるものなのかといった空間的な普遍性についても自問するよう心掛けている。もうひとつ、「協働」の可能性を常に探っている。学問と実践を融合し、ほかの分野の方々と協働することによって、新たな可能性を切り開いていきたい。

A | 1

B | 2

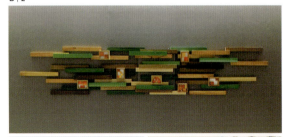

A. ららぽーと湘南平塚　こにわハウス
B. TMGあさか医療センターホスピタルアート

コラボレーションによる実現

プロジェクトの多くは企業や地域との協働により実現している。研究室で実施した調査・分析に基づく研究成果を企業での最先端の取り組みに反映させた授乳室プロジェクトや、医療センターのホスピタルアートを学生や病院スタッフなどとともに制作したワークショッププロジェクトなどは、個人の力では到達できなかった領域に展開することができた事例である。

A. 神奈川 平塚 | 2016年10月
東洋大学・仲綾子＋
乃村工藝社チームM＋三井不動産ママwith
インテリアデザイン | 撮影：乃村工藝社、三井不動産
B. 埼玉 朝霞 | 2018年1月
清水建設、島津環境グラフィックス
ワークショップデザイン | 撮影：清水建設、仲綾子

1 | 足を伸ばせる授乳室
子どもの遊び場に併設した授乳室。リラックスしたい、というママの要望に応えるため、ゆったりとしたソファの上で、足を伸ばしたり、あぐらをかいたりしながら授乳できるようにした。

2 | けやきをモチーフとしたホスピタルアート
病院スタッフ、現場の職人さんなど約400人がワークショップで着彩した木片を用いて、学生のデザイン案に基づき、ホスピタルアート3作品を制作し、病院の外来部門に設置した。

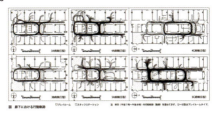

3｜行動軌跡の分析
ある小児病院において入院児の終日の行動を観察し、行動軌跡を記録した。その結果、入院児の行動特性として、循環性、ショートカット、行き止まりへの動線があることを明らかにし、設計へと反映させている。

4｜行動観察調査で把握した事例
授乳室の利用者の行動観察調査を行った際に、気になる行動をピックアップしてスケッチした。数量的に全体像を把握することも重要だが、実際に観察することによって得られた質的な情報に学ぶべき点は多い。

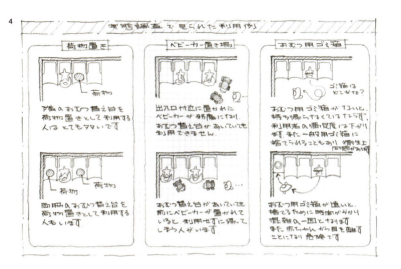

5｜インタビュー調査で出会った言葉たち
子どもと大人が心地良く過ごせる空間について、設計者などの言葉を抽出し、参照している。『こどもとおとなの空間デザイン』（産学社）レイアウトデザイン：松田行正＋梶原結実（マツダオフィス）

6｜コンセプトブックの作成
設計にあたり、個別の解を求めると同時に、普遍的な事項の抽出が可能か検討している。授乳室の計画では配置や規模などについてコンセプトブックとして指針を提示している（コンビウィズと協働）。

リアル×バーチャル
100年後につくりたい空間は？

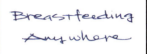

授乳したいときに、森林、海辺、上空、風船の中、柔らかな布の下など、そのときの気分に合わせて好きな空間を選べるようにしたい。100年後には、どこでもドアの先にそのような空間をつくりだせるだろう。

143

健 | 聖

日常スケールの外側

ハナムラチカヒロ
Hanamura Chikahiro

社会とは壮大な約束事の総体だ。私たちの日常はその約束事の範囲の中で展開される。しかしずっとその社会の内側だけを見つめていると、本当に私たちが従うべき自然の規範が見えなくなることがある。だからそこから抜け出して、自分という生命にもう一度まなざしを向ける時間が私たちには時々必要なのではないだろうか。そういう時間が流れている空間が世界各地の聖地である。そこは日常から遠く離れた場所にあり、私たちはそこに赴くプロセスの中で自分の存在を確認する。しかし聖地がもはや俗化してしまった現代において、それに変わり得る空間は一体どこにあるのだろうか。いや、むしろそれは特別な空間なのではなく、ごくありふれた、そして誰も見向きもしないような俗なる空間にこそ、そうした時間が流れる可能性がある。私たちが想像しないような出来事がそこに起こったときこそ、信じて疑わなかった日常に切り込みが入る。それは社会の中でのさまざまな記号が貼り付けられた個人ではなく、平等に生きるひとつの命としての自分に、それぞれが向き合う時間になるのだ。

1

霧はれて光きたる春

ひとつの命へと戻る時間

大阪赤十字病院の中央に設けられている光庭での30分間のインスタレーション。四周を建物で囲まれた高さ50mを越える吹き抜け空間に底から霧を上げ、空からシャボン玉を降らせた。入院患者、家族、看護師、医師の全員が、性別や年齢、役割や立場の違いを超えて、空を見上げる。それぞれの命へと戻る。

おおさかカンヴァス推進事業、大阪赤十字病院
大阪 天王寺｜2012年2月｜インスタレーション
撮影：Flagshipstudio

2

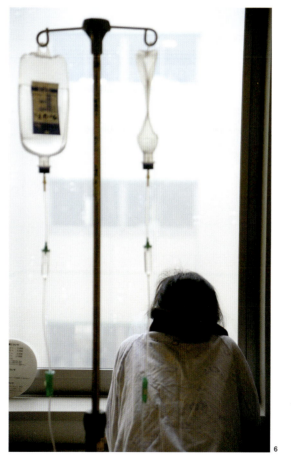

3・5 | 見る人それぞれが命と向き合う
院内の立場や年齢や性別の違いによらず全員が平等になれる時間。

6 | 風景で人を癒す
医療とは人が治癒しようとする力に手を貸すことならば、美しい風景は医療のひとつになるのではないか。

1 | 希望の光の到来
病院の光庭を霧で満たした後、空から無数の光の球がやってくる風景を生み出し、闘病生活の後の希望を表現した。対岸の窓から見ている人とシャボン玉が飛び交う風景を通して視線が交わされる。

2 | 自分へと帰れる風景
思い思いに空を見上げる人々。この風景を前に皆が空を見上げる単なる人になる。人は感動しているときに笑顔にならない。ただただ目の前の風景を見つめている忘我の表情を生み出したかった。

4 | 霧と吹雪の演出
視界を閉ざす霧と雪で吹雪の風景を演出する。闘病中の入院患者の先行きが見えない不安な気持ちを表現した。霧は下から立ち上り、シャボン玉は上から落ちるが重力と上昇気流で循環し続ける。

リアル×バーチャル
100年後につくりたい空間は？

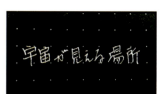

バーチャルとは電子空間の中ではなく、私たちの想像力の中にある。目に見えるものを手掛かりに、目に見えないものへとまなざしを向けるための空間は太古より存在した。そこは壮大な宇宙のリズムを知るための天文観測所であり、大地の力を取り込む聖地であった。自らのリアルな生命と見えない力とを結ぶ想像力を喚起する空間こそが、人間存在に関わる意味をもち、数万年の時を超えて必要とされるものであろう。そんなスケールで空間をつくりたい。

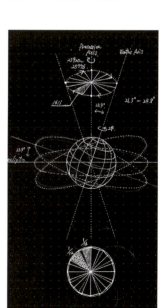

普 健

時との共同作業
あるいは変化の受容

湯澤幸子
Yuzawa Sachiko

人間が身体をもち、重力の縛りによって、存在するかぎり、物質的な空間を必要とする。人間が生を全うする場所は、人間がつくるしかない。ものづくりは、人間が生きるために必要な生の営み。「日」と「並」を合わせた文字。日を並べる、それが「普」。訓読みで、「あまねし」。一面に広くゆきわたる様。普遍的。ものづくりには、相応の責任が伴う。瞬間の鮮度が重要な場合もあるが、私は日々使われ、さまざまに試される時間を対象とすることが多い。社会が成熟し、デザイナーへの要求が質的に変化している。日常の暮らしの中で、ふと感じるものを大事にしている。本当に必要か、つくらない、減らす選択もある。日を並べていると小さな変化が起きてくる。時との共同作業である風化だ。素材の力をいかしながらも触覚的になじむよう弱める作用である。変化を受容するために、余白をつくることにしている。つくりすぎない。向こうからやってくる声を聞き逃さないように、自分で一杯にしないようにしている。

赤十字子供の家
自分を大切にする心を育む空間

食卓空間は、複雑な事情をもつ子どもたちの共同生活の中心である。ていねいにつくられた道具と暮らす、普通の時間の積み重ねが、生きる力を育てる。

東京 武蔵野 | 2018年3月
内藤建築事務所 | インテリアデザイン
撮影：湯澤幸子

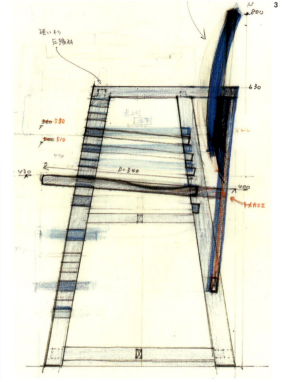

1 | 滲み出る温かみのある光
中庭を囲んで、2軒長屋が2棟立ち並ぶ。夕暮れになると食卓空間から滲み出た光が、子どもたちを温かく迎え入れる。それぞれの家にそれぞれの雲が見える。

2 | テーブルと照明の試作
試作を通じて、ディテール、設置位置の検討を行う。テーブルは豊穣の大地、照明は雲を見立てた。ランプシェードは雲形のフレームをふんわりくるむ布製で洗濯できる。

3 | 初期の椅子の計画スケッチ
傾斜角度の検討を行う。椅子は、最小限のパーソナル空間である。対象年齢は、3歳から18歳まで。身体の成長に合わせて調節対応できるデザイン。

4 | 初期のイメージスケッチ
1軒の家に10人が暮らす大家族のダイニング空間。それぞれの家の吹き抜け天井には、それぞれ違う形の雲のランプがシンボルとしてある。中庭に向かって開かれた大きな窓とテラスによって、家々がつながる。

リアル×バーチャル
100年後につくりたい空間は？

> クラウドライドマーケット
> 勲斗雲市場
> キントウンイチバ

身体機能を拡張するツールのおかげで、莫大な余暇が生まれると、リアルな交流の機会がさらに重要になると思う。かつて19世紀の自由市民がパッサージュでのぶらぶら歩きを楽しんだように、22世紀の人々は、気ままにぶらぶら漂いながら偶然の出会いを楽しむのではなかろうか。ショッピングは娯楽となり、ショップもパブリック空間というよりパーソナル空間に近くなり、特別感を提供するだろう。

食
たべる

五感と空間
食をめぐる空間体験の古今東西
エピキュリアン
ハレとケの食生活
おもてなし

Interview ｜ 食

食のおいしさを生む、狭い空間と価値

小山薫堂
Koyama Kundo

Profile
放送作家。京都造形芸術大学副学長。1964年熊本生まれ。日本大学芸術学部放送学科在籍中に、放送作家としての活動を開始。「料理の鉄人」「カノッサの屈辱」など斬新なテレビ番組を数多く企画。映画「おくりびと」で第32回日本アカデミー賞最優秀脚本賞、第81回米アカデミー賞外国語部門賞を獲得。執筆活動のほか、地域・企業のプロジェクトアドバイザーなどを務める。「くまモン」の生みの親でもある。

「狭さ」がもたらす、おいしさ

「食と空間」と聞いて最初に思い出したのは、今はもうない店のちょっと残念な記憶だ。世界的に有名なイギリス人シェフのレストランが日本にできたとき、僕はロンドンにある彼のレストランで食べた素晴らしい経験が日本でできるのだと、ワクワクして店に出かけた。ところが店に入った瞬間、そのワクワクはどこかに消し飛んだ。なぜだろう？ 考えてみるとその要因は、高い吹き抜けの天井にあるようだった。広い空間に入ったとたん、おいしさがすべて上に蒸発していくような印象が、そのレストランにはあったのだ。
建築家からすれば、レストランの見栄えや華やかさを考慮して、吹き抜けのゴージャスな空間をつくることは珍しくない。しかし、食に限って言えば、いかに手もとに集中させるかという仕掛けが大切になってくる。それに、なるべく小さなテーブルや狭い空間で、身を寄せ合って食べる方が、おいしさのシズル感は出てくるのだ。
今は亡きジョエル・ロブション氏が、引退後、再びレストラン「ラトリエ ドゥ ジョエル・ロブション」を始めたときの話が好例だ。彼は銀座にある「すきやばし次郎」のカウンターの奥行きを測って、それと同じ寸法のカウンターを自身の店につくった。店を訪れた多くの人は、「こんなに広い空間で、なぜこんなに狭いカウンターの店にしたのか？」と思っただろう。もっとテーブルを広くしたり、席数を増やしたりすれば良いのにと。おそらくロブション氏は、「すきやばし次郎」で寿司をつまむときの密着感のようなものを、本能的に良いと感じたのだと思う。僕はそこに、とても共感する。

図面だけではつくれない、おいしさのための空間

今は「狭い」ということが、価値になる時代だ。

狭さには、人との距離や間の近さ、店をつくる場合は設備費用がそれほど掛からないといったアドバンテージがある。その最たるものが茶室。

そういう意味で、僕が一番、素敵だと思うのは、親しくさせてもらっている陶芸家・辻村史朗さんのご自宅だ。奈良の山奥に廃材を使ってご自分で建てた家には囲炉裏があって、それを囲んで辻村さんのふるまってくれる料理をいただく。器は当然、すべてご自身が焼いたものだ。さらに工房や茶室までも自作だというから驚かされる。

僕はこの辻村さんの家がもつ、無骨で雑多なのに温かみがあって、どこか繊細な何とも言えない雰囲気が好きだ。茶室に行けば、「茶、飲むか?」と辻村さんが点ててくれる。何の流儀も作法もないけれど、すごく格好良い。

この辻村さんの家にある強さのようなものは、決して図面だけでつくれる空間ではない。どんなおしゃれなレストランもここと比べたら、単なる飾りで薄っぺらに見えてしまう。そこから考えると、食と空間においては、あらゆる装飾や設えについて、それらがおいしさのために本当に必要かどうかを問うことが大切なのだと思う。

つくり手の情熱をいかに伝えるか

僕はよく、価値は感情移入で生まれると言っている。愛妻弁当が一番おいしく感じるのは、感情移入して食べるからであって、他人の愛妻弁当はおいしく感じない。つまり、空間のつくり方やデザイン、形に、おいしさや価値に対する答えがあるとは思えないのだ。以前、イタリアはトスカーナのジベッロ村を訪れたことがある。生ハムの王様「クラテッロ」の産地として有名な土地だ。そこには「トラットリア・ラ・ブーカ」という切りたてのクラテッロを提供するレストランがある。少し大きな個人邸宅という感じで、中はいたって普通の食堂だ。この店で食べることの価値は、その空間の良さにあるのではなく、自家製のクラテッロが切りたてで出され、そこで食べられることだ。

もしおいしさのために、空間に対してできることがあるとするならば、食べる場所よりも調理場の環境の方が大事かもしれない。例えばオープンキッチンで中が見えていて、薪を使っているとか、店全体に厨房の活気が伝わってくるというものに価値を見い出せる店がある。そんなふうに結局、つくり手のパッションが食べる側にどう伝わるかが、おいしさを生むポイントのひとつなのだと思う。

空間の心地良さをつくる
目に見えないもの

僕自身は、立って半畳、寝て一畳という狭い空間が心地良くて好きだ。きっと本当に格好良い空間というのは、目をつぶったときに心地良く感じる空間なのではないかと思う。視覚に頼るのではなく、触れたときの木の感触やにおい、そこに流れる音といったその場にある目に見えない「気」がつくり出す心地良さ。それを最大化させるにはどうすれば良いかを考えることが、空間デザインの役割なのだと思う。

食｜混

食の多様性を空間で表現

橋本夕紀夫
Hashimoto Yukio

ヒルトン大阪
Folk Kitchen／CENTRUM／川梅／傳火
さまざまな業態の店が集積・統合されたフロア

大阪駅前にある立地の良さと利便性から、幅広い人数や構成、目的に応えられるようにした。多様な5つの店舗は、「めぐる楽しさ」をテーマに店舗ごとのデザインに変化をもたせ、仕切りを設けず空間を構成している。

大阪 梅田｜2018年8月
橋本夕紀夫デザインスタジオ｜レストランフロアデザイン
撮影：ナカサ＆パートナーズ

1｜和食エリア
和食「川梅」では、日本の優れた伝統的な素材であるヒノキ、立体組子、ナグリ仕上げなどを組み合わせ、今までにない新しい表現をした。

2｜グリル
グリル「CENTRUM」では、錬鉄でつくられたオブジェのようなスクリーンに囲まれた客席をつくり、力強さと安心感を同時に感じられ、エキサイティングでありながらも居心地の良い環境にしたいと考えた。

大阪は日本の最も創造的な製造業や技術の中心であり、日本の産業革命の中心でもあった。かつては「東洋のマンチェスター」とも呼ばれ、その技術は今も続いている。そこでヒルトン大阪の2階レストランフロアは、そんな大阪の歴史からインスピレーションを得て「Modern Factory」というコンセプトで計画をした。このプロジェクトではそれぞれの4つのエリアで異なるデザインをしたが、木材、金物、石、タイルなどの加工や仕上げに最新の技術や職人の伝統技術を使うことでプロジェクトをひとつのストーリーにまとめた。いろいろな素材や技術が混ざり合うことによって個性的で魅力のある空間づくりをしたいと考えた。何か新しいものをつくり出そうとするとき、この「混ぜる」という行為が非常に効果を発揮することがある。「混」という言葉は、しばしば日本文化を言い表すときに使われる「素」という言葉に対し、一見対極にあるように見えるが、何かと何かを混ぜるという行為自体は、「見立て」という概念にもつながる。これもまた日本の美意識を言い表すものであるといえるだろう。

3｜初期スケッチ
平面レイアウトと同時進行でスケッチも進めていく。左ページの竣工写真と比較すればわかるように完成とスケッチは変わっていない。

ⓐ グリルエリア　ⓒ 鉄板エリア
ⓑ 和食エリア　ⓓ オールデイダイニング

リアル×バーチャル
100年後につくりたい空間は？

spaceship sukiya

100年後は誰もが普通に宇宙旅行ができるようになっており、中には地球を背景にお茶会を開くなんてことがあるかもしれない。このスケッチは、そんなことを想像しながら、宇宙に浮かぶ茶室のイメージを描いた。

4｜オールデイダイニング マテリアルボード
素材感にこだわり、なるべくエイジングされた木などの自然素材を用いた。それに磁器タイルなどをミックスしている。

5｜模型
設計の初期段階から、模型を使って細かいところまでを検討し、決定していく。模型により、CGやスケッチとは、また違った角度で確認をすることができる。

6｜オールデイダイニング
オールデイダイニング「Folk Kitchen」では工業的な建築要素、材料、ディテールなどを通して、大阪という都市のもつ技術や職人技をユニークに表現した。

食｜写

意志をもった復元

上垣内泰輔
Kamigaichi Taisuke

思い出は美しいとはよく言ったもので、記憶はとてもあいまいなもの。出来の悪い部分やそぐわない部分は見ないふりをして良き整合を選択し、自動的に修正、風景を整えることができる機能をもっている。創業100年を迎えようとする並木藪蕎麦の常連に写る風景は、りりしく精悍で存在感に満ちていて、それなのに必要以上の個性を主張せず、自信に溢れているのに、おごりのない風情であったのではないだろうか。空間をこしらえる私はその風情を一度分解し、古さを捨てて、郷愁だけを取り出し、「純真さと無垢さ」を加えることを試みた。なぜならば私の会った三代目は、現代には稀な純真かつ無垢な姿勢であったからだ。文化の表れとして「東京らしいさっぱりとした固執しない趣」を、顧客の想いは「なるべく変化のない安心感」を。それに加え「郷愁という共感」を残しながら、全く新しいものを一からつくる。そして、次の100年を主人と顧客が変わらず過ごすことのできるお店であることを目指した。

並木藪蕎麦

江戸三大藪蕎麦のひとつ、並木藪蕎麦の新築設計

私は100年続けてきた老舗の蕎麦店の新築に「意志をもった（進化的）復元」というテーマをもった。先代が残してくれた「味とのれん」に対し「店は借り物」とした主人へ、「一から汚して自分のものにしてもらうための真新しい復元」である。戦後復旧した店舗は材料のない時代のもの。おしなべて同じものをつくるが、素材や工法、使用感は吟味し、丈夫でかつ理にかなった、こなれたものを目指し、それに加え書を書く前の半紙のような純真無垢な風情を醸す復元であることを目標とした。バーチャルが生活を便利にしてくれた現代生活の中に残るリアル空間の存在。空間を提供する立場としてデザイナーが社会に与える影響や役割について、改めて向き合うことができた貴重な物件である。

東京 雷門｜2011年11月｜丹青社｜ショップデザイン｜撮影：ナカサ＆パートナーズ

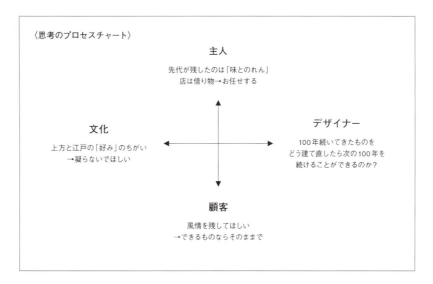

〈思考のプロセスチャート〉

主人
先代が残したのは「味とのれん」
店は借り物→お任せする

文化
上方と江戸の「好み」のちがい
→凝らないでほしい

デザイナー
100年続いてきたものを
どう建て直したら次の100年を
続けることができるのか？

顧客
風情を残してほしい
→できるものならそのままで

1・3 | 新旧比較
新・旧の写真を見るとわかるように間取りは変えている。より自然な間取り、使用感の良い家具配置を見越した違和感のない進化的変身を行った。

2 | 現場調整
現場調査では間取りだけでなく、なるべく詳細を描き写した。当時の大工と先代がどんな会話をしてこしらえたかを、想像するための資料とした。

リアル×バーチャル
100年後につくりたい空間は？

> 100年後の
> 並木藪蕎麦.

100年続いた並木藪蕎麦を建て直した現在の並木藪蕎麦。100年もつことを目標にした新築だったため、100年後に4代目のために手を入れるとしたら、ぜひお手伝いしたい。生活感が変わっても、食べる行為は変わらないのではないかと鑑み、その時代に合った最小限のチューニングを主人と検討し、空間に落とし込みたいと思う。

4 | 鳩瓦
先代の奥さまの実家を向いた鳩瓦。

5 | 汚れ止め
小上がりの灰汁を塗った汚れ止め。花番さんがお客さまの靴を立てかける汚れを止める。

6 | 菊正宗の四斗樽
吉野杉を組み合わせてたがで締めた四斗樽。粋な計らい。

7 | 腰板の割り付け
歩留まりの良い東京らしい収まり。

8 | 茶席板サイズの椅子
小間の茶の湯で最小の座布団から設計した椅子。

9 | 木製の制気口
郷愁への配慮。

10 | センの木の机
江戸のしつらえ。

11 | 吹き漆のちゃぶ台
サイズの程良さ。

12 | 窓ガラスの工夫
主人からの目線。

13 | 防災器具のケーシング
そぐわないものをなるべくなくす。

14 | コードペンダントの継承
普通球からサイズダウン。

食｜潜

空間がもつ
ポテンシャル

野田光希
Noda Mitsuki

ヤマイチ原木中山店
狭小リアルからシームレスへの開放

天井は低く支柱が連立し、奥行き70mという駅高架下の立地。空間特性上の圧迫感をミラーや天井照明で排除し、マーチャンダイジングを踏まえた動線計画と販売促進の仕掛けを各所に施した。当初のネガティブさを感じさせない上質な空間は、「人が集まる店」へと開放された。

千葉 船橋｜2010年4月
ラックランド｜空間デザイン｜撮影：グラスアイ

1｜グロッサリーコーナー
天井高2.7m。低さに対し、間接照明を随所に組込んだ。また高架の太い支柱とその下に建つ建物の柱が連立する。圧迫感にはミラー意匠を施すことで天井壁のシームレス化を図った。

2｜デリカコーナー
カラーマテリアルを3種に限定し、空間は黒子となるようシンプルを心掛けた。結果、多くの商品群・アイテムの色を際立たせ、客単価を上げる効果をもたらした。

空間を創造する際、日頃から「ポテンシャルを引き出すこと」を意識している。立地や制約条件を受け、さまざまなアプローチを試みることで空間が目的を果たす手段となり得たか、ということである。

空間には役割がある。小売りやエンターテインメントなど、「人」を軸として、収益を生み出す装置としてそれを組み込む。つまりデザインとは目的達成手段のひとつと定義できる。デザイナーとして、空間を美しく魅せることだけを目的としてしまうと、顧客満足は上がらない。本来空間は人をつなぐポテンシャルが潜んでおり、収益性と二律背反するかもしれない竣工後のストーリーを、空間に描くことが大切だと考える。例えば、客単価を上げることに奮闘するスーパーマーケット業態であっても、立地によっては高齢者が井戸端会議を目的に集まることなども考えられる。人と人をつなぐ空間のポテンシャルを引出すことで、地域貢献という大義が生まれ、便利な店は、愛される店へとステージアップするのである。

リアル×バーチャル
100年後につくりたい空間は？

Emotional Space.

いろいろと考えてみたが、どうしても100年後の世界がどうなっているか想像がつかない。100年後の技術やテクノロジーで何がつくれるか、といった予想ではなく空間のあり方を考えてみたい。まず空間の目的は人であり、恐らく100年後も（空間という概念があるならば）人のためにつくられているのだろう。しかし、現代のテクノロジーの発達で効率と利便性が加速し、人との交流やコミュニケーションは簡素化されている。100年後の未来はもっと便利にかつ効率性が増しているだろう。しかし、人は利便性によって心の満足は埋められない。合理性と非合理性を同時にもち合わせているのが人だといえる。情報化社会が加速しているにも関わらず、リアルショップに足を運んだり、人だらけのバーでスポーツ観戦したり、愛する人と特別な時間を過ごしたりするのは「感情」による体験を空間に求めるからではないだろうか。つまり空間は心の隙間を埋める力をもっている。それなら自分は100年先も人の集まるアナログな空間をつくりたい。そこに感動や驚き、喜びといった人の感情が生まれる。寂しさの反対を指す言葉は見当たらないが、空間はひとつのキーワードになるのではないかと思っている。

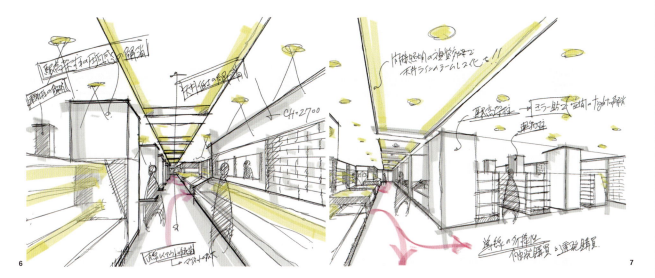

3｜着手前写真
高架を支える支柱群が連立し、横20m×奥行き70mという細長い敷地。レイアウトが一辺倒になってしまう恐れがあり、当初はデザインよりMD計画が一番の悩みどころであった。

4｜竣工後写真A
柱の連立は当初、グレーの壁を思わせたが、空間を広く見せる手法にこだわり、視覚効果による圧迫感の排除に成功。奥行きは空間の広がりを助長し、違和感をなくしている。

5｜竣工後写真B
小売店舗では、明るさと開放感のある空間に人は集まる。店舗の目的は効率による収益性と客足をリピートさせるスペシャリティーである。それを体現する空間に仕上がった。

6｜イメージスケッチA
高架柱と低い天井により、いかに空間が圧迫されるかをクライアントに説明したもの。本設計の厳しい条件を認識してもらうことで、初めて同じスタートラインに立った。

7｜イメージスケッチB
店内入口部からの見え方同様、スケッチに起こすといかに柱が空間を邪魔しているかがよくわかる。境界のシームレス化を図る素材や照明効果は空間演出の必須項目であった。

8｜平面計画図
細長い立地で一辺倒のプランに陥る懸念があった。クライアントと協議を重ね、動線のマグネットを配置し、歩行距離とゴールデンゾーン拡大に努めた。飽きのこない設計を意識した。

食 | 紡

交差する情景

万井 純
Mani Jun

空間デザインとは場の情景をつくることだと考える。そこで繰り広げられるシーンをイメージすることからデザインのアプローチを行う。そのイメージは、その場に似つかわしいであろう人たちの話し声や聞こえてくるさまざまな音、射し込む光や香り。あるいは一杯のワインの揺らめきかもしれない。それらのシーンにふさわしい背景づくりとして空間を構成する要素を重ね合わせ、要素を紡ぎひとつのデザインにまとめていく。

大阪城と並列する稀有なロケーションをもつ洋館の再生計画では、悠久の時の中でそれらの場は、その時代ごとに存在した想いが空間に表現されてきた。そこで繰り広げられてきた情景を背景とした、現在の場をつくることとした。

THE LANDMARKSQUARE OSAKA

場の継承

大阪 大阪城｜2017年9月
丹青社｜空間デザイン
撮影：ナカサ＆パートナーズ

1931年竣工、西洋の古城の様式をもとに設計された「旧日本軍第四師団司令部庁舎」（のち大阪市立博物館）は、大阪城に隣接した立地に位置する。第二の大阪城として設立された洋館を再び活気づかせ、新たなランドマークとして、時を刻み人々を迎え入れるよう、「現代の迎賓館」をテーマに再構築した。当時の建造物の特徴である武骨な構造を引き立たせ、積み重ねられた時間の流れを現しながらも、現代のモダンさや用途を組み込むことで、新旧の記憶が共存する唯一無二の空間を創出した。

1｜テラスラウンジ（貴賓室テラス）
かつて元貴賓室に付属されたテラスを、大阪城天守閣を望むラウンジとして、当時の権威の象徴である和洋の建築が対峙する「情景」をつくった。

2｜大阪城を眺める立地
大阪城に隣接する絶好の立地。歴史的な建造物の重厚でクラシックな外観をいかし、現代のデザインと融合させた。

3｜メインバー
大阪城の空に浮かぶ月を借景とした「現代の黄金の茶室」。

6・7｜ルーフトップレストラン
既存建物の屋上（写真6）に登ったとき、その時々の武将が想い、眺めたであろう大坂の夜空を想像。過去に全く使用されてこなかった屋上の展望に着目し、間近に迫る大阪城が背景となるシーンを共有できる「場」を新たに生んだ。

8・9｜メインダイニング
1931年という当時の時代がもつ、東洋と西洋がミックスされた「華やかさ」をイメージ。当時からの建築の骨格に、現代的なカラー、シーティングスタイル、アートを加え「様式」と「時間」が交差する雰囲気の内装とした。写真8は既存建物。

4｜大階段
各フロアを連結させる主動線の大階段は、竣工当時の設えを修復によって再現した後、シーン用途に相応しい華やかさを加えアレンジした。

5｜ダイニング
既存建築のアーチをフレームと見立て、その中に現代的な意匠を挿入。空間を複層させ、過去と現在が融合する表現とした。

10・11｜メインバンケット
大阪城の見所のひとつである「桜」をテーマに、迎賓館にふさわしい華やかな内装とした。天井は武骨である既存建築（写真10）をいかしながら、優美な桜柄のカーペットと現代的なシャンデリアを挿入。新旧の雰囲気を織り交ぜた。

リアル×バーチャル
100年後につくりたい空間は？

100年越しの晩餐

100年前の会いたい人とディナーを楽しむ。晩餐会場の設え、テーブルウェア、料理そしてドレスは当時（2019年）の雰囲気。これから100年……。個人情報はさらに蓄積され、個の表現は可能であろう。バーチャルによる空間の再現は、より洗練され言語の障害もなく、スムーズな会話での食事であろう。テクノロジーのさらなる進化により、さまざまなコミュニケーションのスタイルが生まれ、おそらくリアル空間の役割は縮小すると思うが、「会いたい」という人間の素直な「欲求」が、リアル空間の役割をより深度化していくであろう。

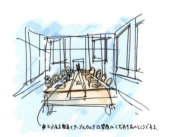

食｜感

空間を感じ、気配をつくる

姫野真佳
Himeno Masayoshi

私たち照明デザイナーは空間のコンセプト、デザインのフレームが決まった段階でプロジェクトに参加するため、ゼロから空間を創造しているわけではない。ただし、空間に入った瞬間に理由はわからないが心地良いと感じたり、活動的になるといった人間の感覚に対し、照明が与える影響は非常に大きい。それらの効果を利用し、建築や内装デザインだけではたどり着くことができない、場の空気感や気配のようなものを操り、空間の思想に対して、最適な形で提案することが照明デザインの重要な役割だと思う。

照明計画は自分の主観だけで創造しては上手くいかない。必ずデザイナーやクライアントとイメージを共有し、その中で最適と思われる手法で空間に光を落としていく。そのためには、さまざまな場所で心地良い空気感や気配を感じ取り、アイデアの引き出しを増やしておくことが重要だと思う。

koe donuts Kyoto
竹かごと厨房の対比

エシカルとオーガニックをテーマにした、koeブランド初のドーナツ店。客席は嵐山の竹かごを使用したやわらかい雰囲気。対してオープンな厨房は、ドーナツの製造工程を見ることができるファクトリー的な雰囲気をつくっている。竹かごを透過した温かい色味の光と、ファクトリーのクールな光の対比が心地良い空気感を生み出す。

京都 中京区｜2019年3月
施主：ストライプインターナショナル、内装設計：隈研吾建築都市設計事務所、照明デザイン：大光電機｜撮影：稲住写真工房

1｜客席
竹を透過することで温かみを帯びたやわらかい光と、竹籠から落ちる影が客席を満たしている。客席は奥へ行くごとに光の色温度を落とし、自然とプライベート感のある雰囲気へ導く。

2｜ドーナツファクトリー
通常はあまり目立たせない厨房機器をあえてピックアップし、ファクトリーのクールさを強調。竹籠との対比が繊細で、たくましい京都の台所文化を表現している。

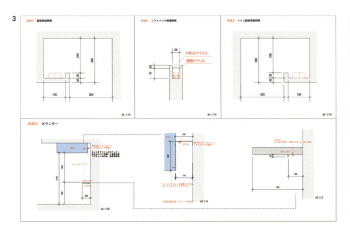

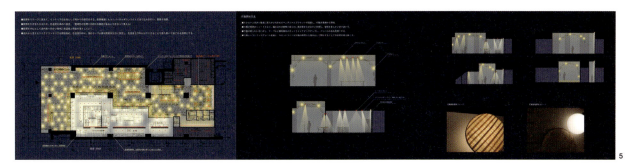

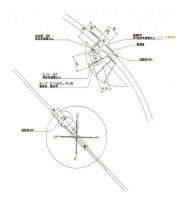

3｜器具設置詳細
間接照明などの造作が必要な照明はすべて断面図で指示を出し、不自然なカットオフラインを出さずに、光が適切な位置へと照射されるようコントロールしている。

4｜客席
一番奥の客席は、最も落ち着いたエリアにするため、色温度と照度を低めに設定。アイストップとなる壁面はソファバックからの間接照明で、地平線のような心地良い光を出している。

5｜初期の照明イメージ
照明の考え方を示した資料。初期段階ではイメージ画像やスケッチなどを用いてデザイナーと考え方を共有し、同じ方向に向かって進んでいく必要がある。

6｜竹かご特注スポットライト意匠図
既製品で対応できない器具は特注で制作。今回は竹かごを照らすスポットライトとカウンターに光を落とすスプレットレンズ付きペンダントを特注。

リアル×バーチャル
100年後につくりたい空間は？

Space of light

光は何か対象物に当たることで初めて認識することができる。空気中を通っている光は何色であろうが、どんなに強い光であろうが認識することはできない。ところが舞台照明の世界では、スモークを空間に満たすことで、光を目に見えるものに変え、空間をキャンバスとして光の世界を描くことができる。しかし、現状建築照明では、常時スモークを空間に満たしておくことは不可能である。そのため、そこは100年後の世界に期待し、空間にずっと漂うスモークに代わる無害な何かが発見されるように願いたい。そんなものが存在すれば光が建築に与える影響は格段に大きくなり、さらに光だけの空間をつくることができるようになる。しかもその空間は制御により、一瞬で違う姿に変えることが容易にできるのだから面白いと思う。今よりも確実に仕事の幅は広がり、照明デザイナーの必要性も高まることになるだろう。

食｜貫

世界観を貫き通す

高橋 匠
Takahashi Takumi

空間をデザインする際、クライアントが伝えたい、世界観を貫き、突き詰めるようにしている。世界観をつくる構成要素は空間だけではない。伝えたいストーリーがあり、コミュニケーションがあり、そして体験がある。UCCのブースでもさまざまな角度からラボを軸に徹底的に、世界観をつくり上げていった。UCCのもつ技術の物語、来場者と店員が会話する場の空気、コーヒーに触れる瞬間、目にする風景など、多角的にアプローチすることで理想の世界観が見えてくる。デザイナーは現場で説明することはできないからこそ、ひとつ一つの構成要素に「想い」を込めるようにしている。細部にまで「想い」が行き届くほど世界観が強まり、人々の心に響く空間が生まれると信じている。

SCAJ 2017 UCC 上島珈琲ブース

UCC COFFEE LAB

UCCの研究されたコーヒーの魅力を伝えるため、「UCC COFFEE LAB」をコンセプトに空間をデザイン。UCCの一杯のコーヒーの中に込められている想いと技術力をさまざまな形で感じ取れる空間を目指した。

東京 有明｜2017年9月
博展｜ブースデザイン｜撮影：御園生大地

1｜配管の機能美
空間を構成する配管はコーヒーをドリップするサーバーや、什器、照明、ハンガーラック、グラスハンガーなど、空間のあらゆる構成要素に姿を変え、ラボを演出すると共に機能的な役割も果たしている。

2｜空間に馴染むサイン計画
展示に必要となるプライスカードやキャプションのサイン計画。ラボの配管から出ているメーターをモチーフにデザイン。世界観のノイズになることなく空間と調和させた。

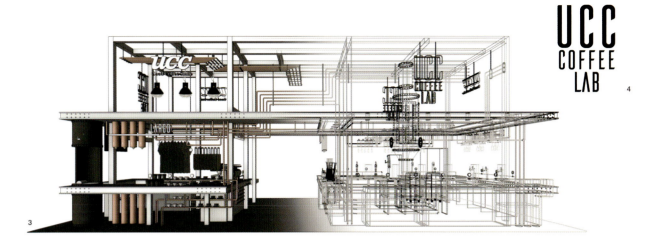

UCC COFFEE LAB

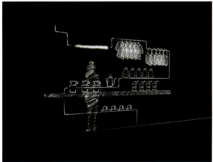

リアル×バーチャル
100年後につくりたい空間は？

100年後のバーチャルによるビジュアライズ技術は本物と同等以上の表現の領域に達していると仮定する。それは物理的制約がないことを意味し、自由な発想の空間表現ができるようになっている。
また超高速演算技術により、あらゆる物質の設定が可能となり、重力や気候などの環境から考えることができる。惑星までもデザインの対象になる。星の独自の環境、生態系の設定から手を付けてみたい。

3 | 世界観の検証
3Dをつくり込み、デザイン上の配管のバランスや、ライティング、運営動線など3次元的に世界観の検証をした。

4 | オリジナルロゴ
この展示会のためだけのロゴを作成。ラボの世界観を強め、コーヒーを研究する姿勢を来場者に伝えた。

5 | 多様なコーヒーの楽しみ方
独自開発のサーバーで淹れるアイスブリュードコーヒーやドリップコーヒーの美味しい淹れ方のレクチャーなど、多様なコーヒーの楽しみ方を体験できるコーナーを設けた。

6 | キーマテリアルと
　　ファーストスケッチ
熱伝導性が良く、古くからコーヒーカップやドリッパーに使われていた「銅」をキーマテリアルとして採用。銅管にさまざまな機能をもたせつつ、次第に空間を支配していくようにイメージを膨らませた。

7 | アイテムの選定
世界観に沿ったアイテムの選定運用に必要なカトラリー、食器までもラボに沿ったものを選定。ビーカーや、試薬瓶などの実験器具を多く採用した。

Column

これも空間デザイン？

越膳博明
廣瀬貢博
小岩井淳雄
澁谷城太郎
石阪太郎

電話ボックス

デザイン体験から得る「ヒューマンインターフェース」
越膳博明

各地に点在する公衆電話ボックス。正式名称は定められていないが、「屋外公衆電話室」などの名称が存在する。公共性が高く不特定多数が利用できる空間であり、これまでに多くの人が利用したことを記憶しているのではないだろうか。
外観の佇まい、内部空間に入る際の扉を開けるときの音。特に中に入った際の独特の匂いは、今でも懐かしい。映画のワンシーンでも多く使われてきたと記憶している。
これから、公衆電話ボックスを中心とした周辺空間では電話利用に留まらず、内部空間に入ることなく、スマートフォンなどの専用アプリから地域情報を得ることができる。「その地域ならでは」を手の平の上でデザイン体験を通した空間利用が起こり得るかもしれない。
地域の背景を可視化し、人と地域そして空間をつなぐ「ヒューマンインターフェース」となればと考えている。

写真：訪れることで情報入手体験が可能。各地の地域情報を交差・集約する「点」となる空間になるのでは。

ツリーハウス

自SIZEN禅
廣瀬貢博

人間は自然をコントロールして快適な都市空間をつくり上げてきた。その代償として自然破壊を繰り返し行ってきた。森林破壊・大気・海洋・河川汚染など……。また、それは、人工物と化学合成物で構成され強い光と色彩、絶え間ない騒音とSNSなどに囲まれ、肉体と神経が擦り切れそうな強いストレスを受け続ける消耗環境でもあった。

人間は木から降りて二足歩行し進化してきたと言われている。進化の果てがそれであるとは悲しい現実である。

人間進化の原点回帰として今一度木の上へ帰ろうではないか！

茶室かコルビュジエのカバノンか？　極小空間のツリーハウスで樹木や小動物、昆虫たちと身近に触れ、戯れ、我々も地球上の一種族として思い巡らせようではではないか？　地球との共生と生き方を！

図：人間の繁栄と自然との共生の距離感を表現。どちらも高い所で人は何を感じるのだろうか？

祭り

日本人の文化と感性
小岩井淳雄

日本の祭りは人々と生活のつながりを支えてきた。元来、五穀豊穣、疫病払い、祝い事などの生活と密接だった。人々が集うことで、作物を育て、伝統を支え、社寺を築いた。

そして、空間も歴史的な変容を遂げ、寺は、寺子屋となり、学校へと変化。江戸時代の商家は、商店街を成し、銀座の街並みなどへと変化している。祭りで培われた「睦※＝コミュニケーション」という原動力は、日本人特有の繊細で活力ある感性となっている。そこが今でも海外で評価されている点だと思う。日本空間デザイン賞もこの「日本人の感性が評価する」デザイン賞が起点となっている。祭りの最後に「直来(なおらい)」という風習がある。祭りの終わりに神と酒を酌み交わす、ひとつの達成感とともに次の1年を祈念する。これも日本の祭りの良さであり、日本人の良さだと思う。

※むつまじ・い【睦】＝間柄、気持ちのつながり、交わりなどが、隔てなく親密である。親しい。（日本語国語大辞典より）

写真左：奉納により一年の計を収め、地域が一体となる。
右：高張提灯が神輿を先導して安全に照らす。

屋台

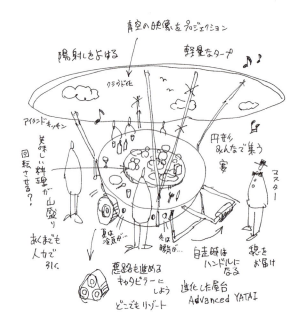

欲望という名のモバイル・キッチン・ワゴン
澁谷城太郎

都市圏のオフィス街では、昼時に現れるフードワゴン・トラック・リヤカーが働く人々に重宝がられている。ランチタイムに客が集中する数限られた近隣の飯処を補い、路頭に迷うオフィスワーカーを救う救急給食車だ。こだわりのコーヒーを淹れるおしゃれワゴンもある。歴史的な仮設移動飲食店といえば江戸時代、鮨に天ぷらと屋台での立ち食いが賑わった。けれどもきっと、商店などが成立していない古代から、仮設移動飲食／物販店的な空間はあったのだろう。朝市とかはその典型で、この場合の店舗空間はゴザだ。沈黙交易時代の峠の岩の上は果たして店か？ もとい、越中富山の薬売りなど行商は移動人間店舗だし、東アジアの河川では、舟＝店も存在する。そして時代は進み、Wi-Fi＋スマホ×クラウドな現代、人間こそがモバイルでノマドな情勢。屋台はもうすぐ飛んで来る。

図：進化したアドバンスド屋台。グランピング×シアター×バー。街に森に浜に、今日もどこかで謎の宴が開かれる。

公園

体験、そのすべてがデザイン
石阪太郎

公園での過ごし方が変わってきた。マットを敷いて、芝生に寝そべり、ゆったりとした時間を過ごす。食事のため、運動のため、デートのため、という明確な目的があるわけでない。そこで過ごす時間そのものを楽しむスタイルが定着しつつある。写真の施策は、公園に設置するだけで使えるコンテナ「PARK PACK」。カジュアルな椅子、テーブル、モニター、親子で遊べるグッズがパッケージ化。これを公園に設置し、パカっと開くとまるでおもちゃ箱。ワークショップやアートギャラリーに様変わり。芝生の上で、SDGsの講義を受けたり、写真の撮り方を教わったり。公園での過ごし方のイメージを一変させてくれる。そして、そこで繰り広げられるすべてがデザインされている。公園のデザインとはハードの整備だけはない。そこを訪れる生活者の体験すべてがデザインの対象である。

写真上・下：Tokyo Midtown DESIGN TOUCH 2018「PARK PACK by ULTRA PUBLIC PROJECT」。

働
はたらく

創発空間
働きながら遊ぶ空間
協働
ワークライフバランス
リモートワーク
ワーケーション

Interview｜働

働く、暮らす、創発を育む空間

林 宏昌
Hayashi Hiromasa

Profile
1981年生まれ。早稲田大学理工学部卒業後、リクルートに入社。優秀営業を表彰する全社 TOP GUN AWARD を2年連続で受賞。その後、リクルートホールディングス経営企画室室長を担い株式公開を経験し、働き方変革推進室室長としてグループの働き方改革を推進。2017年リデザインワークを創業し、代表取締役に就任。大手企業を中心とした働き方改革のコンサルティングを推進。取材、講演多数。

新しい働き方には「働き方開発」が必要

「働き方改革」「テレワーク」「フリーアドレス」といった言葉が浸透してきた昨今。さまざまな企業が多様な働き方を実現しながら、企業成長を加速させる「新しい働き方」を模索している。

そんな中、僕が必要だと感じているのは「働き方開発」だ。例えば、社員がどこででも働けるようにするなら、具体的にどういう方法で会議を減らし、通常の業務プロセスを短くして効率化を図るのかという方法論を、人事制度を含めて自社内で開発していかなければならない。そのためにまず提案するのは、サイバーオフィスの構築だ。ひとつは社内で情報共有すること、つまり社内でも社外からでも情報にアクセスできるようにすること。もうひとつが、コミュニケーション。日本は会って話すことを重視する傾向にあるが、それは決して悪いことではなく、むしろ大事なことだと思う。しかし、考えなければならないのは、本当に会う必要があるのかということだ。仕事上のコミュニケーションには、議論、ブレスト、レビュー、情報共有、報告、承認、指示などがあり、ツールとしてはビジネスチャット、対面、メール、電話、テレビ会議などがある。このうち大半はビジネスチャットでこと足り、なおかつ最も効率が良いと考えられる。逆にホワイトボードを使うようなブレストや今後のキャリアなどについての話し合いは、対面の方が良い。こうしたコミュニケーションの最適化を図るにも、IT環境の整ったサイバーオフィスをつくることが第一歩だ。

これは同時にリアルな空間であるオフィスの価値や意味に変化をもたらすことでもある。オンラインで業務が進むのであれば、あえてオフィスに行く理由は何なのかを考えなければならない。わざわざオフィスに行って対面す

るならば、コラボレーションやコミュニケーション、濃密なディスカッションなど、よりクリエイティブな話をすべきだろう。つまりオフィスには創発の役割が求められるのだ。そのためには、居心地の良さや会話のしやすさなど、行きたくなるオフィスのデザインが必要になる。

求められる創発を促す働き方

創発について言えば、テレワークもそのツールと成り得る。テレワークは、一般に育児や介護などで在宅勤務を支援する働き方と認識されているが、その価値はもっと幅広い。例えば、新卒採用の企画を考えるとき、オフィスの中より、大学の学食で2週間ほどテレワークをして、学生の雰囲気や様子を観察しながら企画を考えたほうが良いだろう。あるいは新しいマンションの広告を考えるなら、その街でしばらく働き、どんな人たちが行き交っているのかをつかむことが、良いインスピレーションにつながるかもしれない。そうした新しい情報や出会いの機会を得ることができるテレワークを、僕は「攻めのテレワーク」と呼んでいる。

一方、日本では今、コワーキングスペースが増えている。ベンチャーや他社の人とオフィスをシェアする動きが加速しているのだ。その背景には、自社内での創発に限界を感じる部分があるからだろう。今後は、どのようにしてベンチャーや他社の人たちとコラボレーションしながら価値を生むかという時代になってくる。例えば、ヤフージャパンは、自社のワンフロアに誰でも利用できるLODGE（ロッジ）というスペースを貸し出している。そこではフリーランスやスタートアップの人たちが仕事をし、従業員もそこにあるカフェや食堂を利用する。そういう形で社内外の多数の人を交流させ、創発を試みているのだ。

都市のオフィス空間に求められるもの

これからのオフィス空間は、データとパッケージで検討する時代になるのではないだろうか。例えば、メガネのJINSでは、メガネ型ウェアラブルデバイスとアプリケーションを使って、人の集中度を計測している。そういうツールを駆使すれば、その空間でどれくらい人が集中できるか、好きか嫌いかという感覚もデータでとらえられるだろう。それらのデータをうまく使って、その人が集中できる空間を設計するメーカーが出てきたり、自宅にこのくらいの集中度が出せる空間をつくりたいとオーダーができたりするようになるかもしれない。また、自然と共生してきた感覚を強くもつ日本人ならではの働く空間も大事にされるだろう。例えば、一極集中の高層ビルではなく、土地に余裕のあるエリアで自然と共に働けるようなデザイン。実際に今、地方にサテライトオフィスをもつベンチャーは増えつつあるし、僕自身も「ワーケーション」を推進している。それは文字通り、ワーク＋バケーションの意味で、午前中はその地域にあるサテライトオフィスで仕事をし、午後から観光するという働き方だ。それが当たり前になっていく未来を踏まえたとき、都市にあるオフィスのデザインとはどうあるべきなのだろう。その答えはまだわからないけれど、働き方と空間という意味では、そこを追究する必要があるだろう。

働｜共

創業の思いを共有するオフィス

新海一朗・徳田純一
Shinkai Ichiro, Tokuda Junichi

デザインとは記憶である。そして日々私たちがつくり出すその記憶は、誰かの心の中にとどまることなく、また次の誰かへと語られ、伝わっていく強さをもったものでありたいと思っている。また、私たちのデザインには協働、共創のプロセスは欠かせない。デザインの構築過程、クライアントとの打合せ、現場での施工、空間ができ上がっていくすべての過程において、協働し共創することがより記憶に残るものづくりにつながる。協働、共創によって短縮される時間、実現できる規模はもちろんのこと、それ以上にそれをきっかけとして生まれるひらめきが重要である。デザインワークでの議論、クライアントからの差し戻し、予想しない現場でのアクシデント。すべてのものをポジティブにとらえ、「やってみよう」というチャレンジ精神こそが新しいアイデアを生み出すきっかけになるのだ。そういったアイデアがもたらすデザインのリアリティや奥行きこそが人々の「記憶」に残る強度となり、同時に次の時代を映し出す鏡となり得るのではないだろうか。

マネーフォワード　本社オフィス
ベンチャースピリットの共有

ベンチャーからスタートし、数百名の社員が働く企業に成長したマネーフォワードにとっての課題は、急成長する中で社員同士の価値観が希薄化する懸念であった。本社オフィスの移転に当たり目指したことは、ベンチャースピリットの共有。「Let's make it!」というデザインコンセプトを掲げ、ものづくりの楽しさや未完の雰囲気の残るデザインを構築した。

東京 田町｜2018年7月｜PM：ディー・サイン
オフィスデザイン｜撮影：Tomooki Kengaku

1｜メインエントランス
スケルトン天井による構造美、コンクリートブロックやモルタル床による素材感を強調したエントランス。「右肩上がり」に並べた垂木のバックウォールがアイコンになっている。

2｜リフレッシュ
社員がランチや気分転換などに利用できるリフレッシュルームには、マネーフォワードのビジョンを大きなグラフィックウォールで表現。グラフィックやサインも一貫してデザインしている。

3

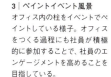

3｜ペイントイベント風景
オフィス内の柱をイベントでペイントしている様子。オフィスをつくる過程にも社員が積極的に参加することで、社員のエンゲージメントを高めることを目指している。

5｜オフィスエリア
居心地の良い窓際は社員共有のスペースになっている。家型の打合せスペースなどアイコニックなデザインがオフィス内の一体感をつくり出している。構造材で囲まれたカラフルな柱は社員参加のイベントでペイントを行った。

6｜ミートアップ（採用）
　ルームと採用ウェブサイト
「Let's make it !」というコンセプトはデザインコンセプトだけでなくリクルートのコンセプトとしても採用され、採用ホームページや会社紹介ムービー、社内のグラフィックなど多様な部分へ展開された。

リアル×バーチャル
100年後につくりたい空間は？

①エンターテインメントオフィス
②一日の大半、ひいては人生の多くの時間を過ごす空間を、もっと面白くしていきたい。働くお父さんやお母さんを見た子どもたちが目をキラキラ輝かせられるような、憧れることができるような巨大なオフィスを日本につくろう。

4

4｜ペイントイベントのタブロイド新聞
ペイントイベント当日の様子をタブロイド誌にまとめ、移転初日に配布した。

5

6

169

働 | 流

流れを見極め、すくい取る

いわさわたかし
Iwasawa Takashi

1

2

シー・エヌ・エス・メディア
オフィス

使う人の「思い通り」に変われる空間を

「クリエイティブ×ビジネス」をテーマに新たなイノベーションを生むウェブメディア、FINDERS編集部のオフィス。トレンドにも色褪せず、撮影スポットにもなる。人材増員による執務拡張、編集会議やイベント。編集部の働き方や使いたい目的に応じて、自在にレイアウト変更できる空間設計を目指した。

東京 目黒｜2018年1月｜岩沢兄弟
オフィス内装デザイン｜撮影：石川真弓

1 | ファンダー越しに映える空間
玄関すぐのミーティングルームを一面ガラスの引き戸にすることで、引き画を撮りやすい空間に仕立てた。部屋の中心にありながら圧迫感のない奥行きを感じられる場所を演出。

2 | 電源に縛られないオフィス空間
机の上にぶら下がっているのは可動式コンセント。天井のレール上で自由に動かせるため、コンセントの位置を気にせず、使い手の好きなようにレイアウト変更できる。

内装空間を考えるとき、地形をとらえるように、その空間を眺めてみることにしている。アフォーダンスやシグニファイアと呼ばれるものよりも、もっとプリミティブな感覚として地形のようにとらえることを重視した姿勢である。
「岩沢兄弟」が、空間づくりで目指していることは、人の流れや情報の流れを見極め、円滑なコミュニケーションが生まれる場をつくり出すことである。そのためには、まず空間の中を漂う気配を見つめる必要がある。見つめる先は「気配を発するもの」。空間自体から始まり、匂い、風の流れなどである。
そんな、空間がもっている「流れ」を見極めることを意識して、空間に佇みながら思考することで、心地良い振れ幅が与えられる。それは、見晴らしの良い高台を見つけて、腰を下ろしてみることから始まるのであって、ベンチをつくることを目的とすると、見つからないものなのだ。

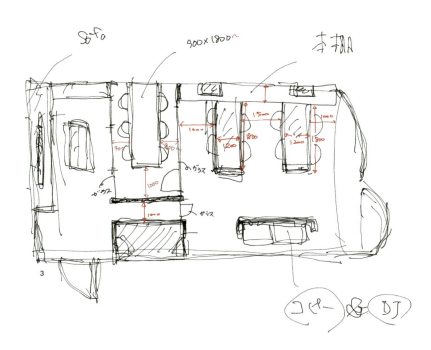

3｜借景を生かす
内見時に印象的だった曲面の窓を生かして、開口部をコントロールするためのスケッチを作成した。

4｜サンプル素材を持って空間に佇む
時間に追われる中でも、実際の環境に素材を置いて見つめる時間を確保するようにしている。

大工小屋を眺めてみる。

解体される前の建物をみんなで眺める

東京都、神津島。アートプロジェクトの拠点をつくるために、敷地内の建物を解体する必要があった。解体する建物の持ち主だった大工が作業に使用していた「大工小屋」。地域と関わり合いながら、土地ならではの空間、歴史、風景を紡ぐため、最初に完成空間をつくらず、解体前の空間をアート展として開いた。

HAPPY TURN／神津島｜東京 神津島
2019年5月｜NPO法人神津島盛り上げ隊、東京都神津島村998、岩沢兄弟
アートプロジェクト｜撮影：岩沢 卓

5｜解体の途中を見せる
大工小屋にある荷物を片付け、掃除、塗装、ライティングなどを施し、かつて仕事場だった場所の解体前の様子を浮かび上がらせた。

リアル×バーチャル
100年後につくりたい空間は？

「タライに すいか」

いまから100年後の空間に流れているものは、何なのだろうか？ 空間を「つくりたい」主体は、誰なのか？ 正直なところ、100年後を想像してまでつくりたい空間は、とくにない。しかし、想像を続けてみることにする。100年後の世界に残っているものとは、何だろうか？ 2019年の現時点で取得できているデータは、きっと存在し続けるだろう。現代の我々は、平面ディスプレイで情報を取得・処理している。しかし、データの取得元は球体であり、処理をする我々の頭部も眼球も球体である。情報のみが存在し得るときに、入出力のインターフェイスとして球体に近づいていくのだろう。そして、その球体だけが漂う空間。情報を身にまとった球体が流れ続け、近づいたり離れたりしながら存在している。球体の引力と斥力でコミュニケーションが生まれ、そのログが空間に蓄積されていくだろう。初夏の縁側で、タライに水を張り100年後を想う。

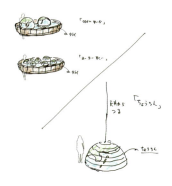

Column

これも空間デザイン？

黒谷優美
小林陽子
墻 崇之
栗原孝弘
長谷川眞理

神社

日本的な体験デザイン

黒谷優美

体験・空間デザインを考えるとき、神社を思い浮かべることがある。初めての日本的な空間体験は神社だったかもしれない。その場でのリッチな体験だけでなく、前後のストーリーまでデザインされている。
まず、心地の良い緊張感をもって参道の端を歩き、手水舎で手と口を清める。何をお祈りしようかな、とワクワクしながら神殿前の順番を待つ。お祈りが終わると、ドキドキしておみくじをひき、それを友人と見せ合ったりする。一連の体験を終えて、気持ちが高まったところに授与所があり、お守りをいただく。帰ってからもお守りがあると守られている感じがする。そして、一年の有効期限を終え、お守りを戻しに神社にいく。
神社は日本的UXの原点であり、体験を通して内面が豊かになる素敵な空間だと思う。

写真：星川杉山神社の初詣。新年、ひとり一人がさまざまな希望や期待を内に秘めて、順番を待つ。

華道

ディスプレイ業界の最小の原形
小林陽子

「草木に内在する美は、既に色ある花と咲き、単に色と見、単に形と見るよりも、そのそれぞれは全て世にある唯一のものである」と、華道池坊は伝播してきた。

生花においては草木が自然界で息づく姿を、万物の基礎と考えられてきた三才（天・地・人）としてとらえた真・副・体（しん・そえ・たい）という形式を用いる。

小空間を表現する手法のいわばプロトタイプである。

高低・奥行・範囲を考慮して概ね三角形に生ける。さまざまな花器（色・形・素材）にその季節の草木を合わせ、歳時記の用途に合わせ、設置場所や周辺の空間演出を加味する。室町時代より継承される自然の小空間の表現美は、ディスプレイ業界の最古で最小の原型かもしれない。

写真：古流（華道も脈々と派生、進化してきている）。雅号：下司 理方宇。

オンラインゲーム

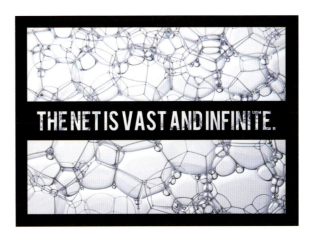

拡張する現実
墳 崇之

「ネットは広大だわ」これは士郎正宗氏原作の「攻殻機動隊」におけるセリフ。作品が発表されたのが1989年、30年前の作品だ。この30年でネット環境は劇的に進化し、現実では、30年前の想像を上回る進化を遂げている。

例えばオンラインゲームだ。この世界も新しいものが生まれる一方、栄枯盛衰の代謝でサービスを終了するものも増えてきた。ネットワークの中に存在していたコミューンは「サービス終了」という事象で存在が消失する。しかしそこで培われた友情や経験、思い出というものはそこに確実に存在する。

とあるゲームで出会った中学生は、今年で30歳だ。今ではビジネスのパートナーであり、友人として今も交流が続いている。消失したネットワークは共有した経験とともに日々の生活を拡張している。やはりネットの海は広大である。

写真：無限に増殖していくネットの世界を抽象的に表現し、「攻殻機動隊」の名言を配した。

173

棚田

水平思考を育んだ空間性
栗原孝弘

田舎出身の私の原風景は棚田だ。都会の暮らしが長く、すっかり忘れていても、コンサートホールで振り返ったときや、サッカー観戦でスタジアムを降りて行くとき、何か懐かしい感覚がよぎることがある。そんな私が、初めてニューヨークの摩天楼と対峙したとき、恐怖心に近い感覚に襲われた。垂直にどこまでも積層していくバーチカルな空間に不安を覚えたのだと思う。
水平面が緩やかに積層し広がる棚田の空間性、それは思考方法にも影響を与えている。バーチカルに論理的に積み上げていく垂直思考よりも、横に広げていく、ときにはずらしながら自由に発想する水平思考が、デザインを考えるときの自分のやり方かもしれない。
そんな思いをめぐらしながら、田植え前の水を張った田んぼの畔道を歩いていると、幾重の水鏡に映る五月空の雲が追いかけてきた。

写真：長崎県波佐見町の鬼木の棚田。隣町に実家があり、ゴールデンウィークに帰省した際に撮影したもの。

窓

切り取られた風景
長谷川眞理

壁や建具により切り取られた風景は、機能がそのような風景をつくっている場合もあるし、意図されて設計されたものの場合もある。
日本人は「見立て」による想像力に長けているので、寺院建築や現代建築に多くみられる。例えば、京都の額縁庭園の寺院や花頭窓、光の教会などで、ブラックアウトされたフレームにより、本来は採光のための開口部が、掛け軸のように見えたり、時代や季節の変化をとらえ大変美しい。写真はヨーロッパで、光のコントラストと分割されたフレーミングで印象的な光景となっている。また、開口部を重ねることにより印象的な導線をつくることもできる。「切り取られた風景」は世界中どこでも見つけることができるので、自身もいろんな感動を積み重ねていきたいし、デザインコンテンツとして取り込んでいきたい。

写真上：フィレンツェにて、居室からの撮影スケッチ。
下：アーチの連続による自作イメージ。

暮
くらす

コミュニティデザイン
地域創造
ライフスタイル
職住近接
ライフシフト
共生
関係人口

Interview｜暮

人々と共に「地域の未来」をデザインする

山崎 亮
Yamazaki Ryo

Profile

studio-L代表。コミュニティデザイナー。社会福祉士。1973年愛知県生まれ。大阪府立大学大学院および東京大学大学院修了。博士（工学）。建築・ランドスケープ設計事務所を経て、2005年にstudio-Lを設立。地域の課題を地域に住む人たちが解決するためのコミュニティデザインに携わる。まちづくりのワークショップ、住民参加型の総合計画づくり、市民参加型のパークマネジメントなどに関するプロジェクトが多い。著書に『コミュニティデザインの源流』（太田出版）、『縮充する日本』（PHP新書）、『地域ごはん日記』（バイインターナショナル）、『ケアするまちをデザインする』（医学書院）などがある。

地域の人々と一緒に取り組む街づくり

コミュニティデザインの意味は、時代によって微妙に異なる。日本で使われ始めた1960年代は、都市計画の一部として、例えばニュータウンを建設する際にコミュニティセンターやコミュニティ広場をどうつくるかといったことを指していた。1980年代以降は、大規模ニュータウン開発が減ったことから、公共建築をつくる際、住民参加という形で地域の意見を聞きながらデザインを決めていくというアメリカから輸入された意味に変化した。

僕が就職した設計事務所は、後者のコミュニティデザインを積極的に行うところだった。作品をつくることに真摯に向き合い、クライアントの思いを魅力的な空間に落とし込むことこそが建築家やデザイナーの仕事だと思っていた当時の僕は、ワークショップを催し、住民の意見を聞きながら設計することに興味がもてず、仕事として仕方なく取り組んでいた。それが3年もすると一転し、住民参加型やワークショップによるデザインでなければならないという考えに確信をもつようになる。

設計事務所から独立した2005年ごろは、美術館や博物館をつくる公共建築の仕事が減りつつある時代だった。公共建築の発注がないということは、地域の人々とワークショップで話し合うことができない。そこに疑問を感じ、公共建築をつくらないときでも、地域の人々と集まって話し合い、街の中でいろいろな活動を起こしていくというコミュニティデザインがあっても良いのではないかと考えるようになった。空間をつくらないときでもワークショップを通して、人々と一緒に「地域の未来」をデザインしていく。それをコミュニティデザインと呼び、仕事にしようと決めた。

**自分たちの手でつくることを
求める時代に**

僕の言うコミュニティデザインが求められるようになったのは、人々の暮らしに対する考え方が変わってきたからではないだろうか。例えば、2000年前後にマイクロソフト社が「エンカルタ」という電子百科事典を発売した。時期を同じくして、インターネットの世界では「ウィキペディア」が始まる。ご存知の通り「ウィキペディア」は素人が編集することでつくり上げる、ネット上の百科事典だ。マイクロソフト社を始め専門家たちは、素人集団による百科事典よりもプロが編集したものを人々が求めると考えていた。しかし結果は、「エンカルタ」が発売を終了し、「ウィキペディア」は現在も内容を充実させ続けている。これは人々が集合知との付き合い方を完全に理解したことを表していると思う。少なくとも「ウィキペディア」については、ある程度は信頼し、ある程度は信頼しないという態度で付き合う分には役立つとわかったわけだ。

同じことが空間にも言える。プロのデザイナーに完璧な美しい空間をつくってもらうことは、確かにユーザーにとって喜びではある。しかしそこで得る感動と、自分たちが手掛けた空間で得る感動とは、比較できるものではない。参加型でつくった空間には、それなりの楽しみ方が生まれていて、必ずしもプロがつくったものの方が正しいとは言えないのだ。私たちは、憧れるような高度で洗練されたデザインと、もっと日常に密着した、自分たちの思いが反映されている愛着のもてるものとを、使い分けられるようになってきた。さらに言えば、今はバブル期にあったような、自分たちの暮らしを専門家に外注する方法に疑問を感じ、必要な部分は専門家に頼みたいが、それ以外は自分たちの手でつくりたいと思う人が増えてきて、そのちょうどよい塩梅を模索している時期なのだと思う。

シェアリングエコノミーという可能性

コミュニティデザインの次の段階はまだ想像できないが、今より少し更新された姿はイメージできる。例えば今後は、シェアリングエコノミーが活躍するのではないだろうか。現在はUberやAirbnbのように、移動手段や宿泊場所に困っているという課題に対して、自分たちがもっているものや空間を技術で接続させて、解決できるようになってきた。それがさらに発展すれば、街にあるさまざまな課題も同じような形で解決できるかもしれない。自分たちができることと困っている人とがインターネットを介して結び付き、最終的に人々がリアルに出会って課題を解決しては解散することを繰り返すような街も出てくるだろう。ワークショップなどアクチュアルな場でなければできない現在のコミュニティデザインも、シェアリングエコノミーの中で、バーチャルとアクチュアルを行き来しながらできるようになる可能性はある。そのときに必要とされるのは、必ずしもプロのデザインではない。芸術作品のような空間をデザインするとき、デザイナーが納得できる仕事をすることは大切だ。しかし今、デザイナーの役割はそれ以上に広がっている。コミュニティデザインの主役は地域の人々であり、デザイナーはデザインすること自体を諦めなければならないときもある。そういう意味では、価値観を転換できる柔軟なデザイナーほど、今後、手掛ける仕事は増えていくだろう。

暮｜直

素直なデザイン

馬場正尊
Baba Masataka

柳町歴史地区再生計画
佐賀市歴史地区再生とエリアリノベーション

長崎街道に残る歴史的な街並みを生きたまま継承するプロジェクト。2つの歴史的価値の高い住宅を行政が買い取り、民間へ賃貸し、活用するプログラムを構築。企画段階からテナントを募集し、デザインプロセスへと参画。街のPRやイベントなどエリア運営の担い手となるよう導いた。点のリノベーションが、面として街に展開していくエリアリノベーションをまちづくりの次の概念として提案している。

旧久富家住宅・旧森永家住宅｜佐賀 柳町
2015年1月、2015年3月／佐賀市（所有）、オープン・エー（設計）
エリアリノベーション｜撮影：阿野太一（4,5を除く）

1｜旧森永家住宅の中庭
かつて煙草製造で繁栄した旧森永家住宅は、居宅、北蔵、南蔵の3棟の建物からなる。新たに綿絨毯の工房が入居した居宅から中庭を見る。

2｜旧久富家住宅の外観
履物商を営んできた久富家の住宅は、建物の中心に裏庭へとつながる路地がある。1階にはカフェと写真スタジオ、2階は小さな区画に分けられ、クリエイターなどがアトリエやオフィスとして活用している。

空間や敷地に向き合ったとき、その場所が欲している風景を頭の中でイメージする。素直な気持ちで、そこに関わる人やその状況が求めているデザインを探す。そうやって自然に導かれるデザインこそが心地良い普遍的なものにつながっているのではないかと思う。だからいつも素直なデザインでありたいと思っている。時代に対して、状況に対して、経済に対して、環境に対して、風景に対して、歴史に対して、人間に対して、そして自分に対しても。

3 | カフェ
旧久富家住宅1階のものづくりカフェ。中庭と長崎街道をつなぐ土間。かつての趣を継承する。

4 | 記憶の継承
履物問屋だった久富家に残された看板をカフェのインテリアに。建物の記憶を継承し、使いながら後世に伝える。

5 | メディア掲載
地域メディア「街なかかわらばん」で活用者を募集。建物がもっている物語やデザインの意図を地域のメディアでていねいに伝えていく。

6 | イメージスケッチ
旧森永家住宅のリノベーションイメージ。設計期間にテナントを募集するため完成イメージを伝える。

7 | イメージスケッチ
住宅の庭部分の完成イメージ。クリーク(水路)に面した裏庭や、蔵へとつづく中庭は、いろいろな人がくつろげる共用部として開放。

リアル×バーチャル
100年後につくりたい空間は?

> 建築は野生化する。

この100年、人間は自然を人工物で覆いつくしたいという欲望に駆られていた。次の100年、人間は都市を再び自然に戻したいと思うのではないか。蓄積されたテクノロジーを駆使し、自然環境と人工環境を融合させながら、その境界すら曖昧な風景を探求し始める。

人間が、それがつくるものも含めて改めて自然の一部だと感じることができるような、穏やかで、静かに風景の中に溶け込むような、そんな建築をつくってみたい。

暮 | 共

ジオメトリーを探す旅

片桐和也
Katagiri Kazuya

今まで世界中のいろいろな国や地域で設計をする機会に恵まれてきたが、その都度建築を通して場所や人々と会話をし、能動的な関係性を築く手段としてデザインを考えてきた。毎回異なる敷地条件、自然環境、文化的背景、空間構成、構造設備などの与件がある中で、これらを調停するためのジオメトリー（幾何学）を探し出すことからデザインが始まる。見つけ出されたジオメトリーは、場所に稀有の建築を結晶化するための架構（秩序）となる。その架構をみんなで共有できる言語としてルール化し、多様な与件が関わることを許容することで、全体が自由に変わっていける開いた関係をつくりたい。そして秩序を共有した人々の身体的知覚が集まることによって生まれる共感を通して、場所と空間が共鳴する関係を築きたい。世界はとても広くて多様だけれど、その一員として多様さを受け止めるために、ジオメトリーを通して場所と会話をして、人々とコミュニケーションを取りながら、その地に根ざした建築をつくることを目指している。

紙庵
みんなで織り上げる小さな茶室

和紙の折り紙でつくられた小さな茶室を構想した。折り紙のピースを、接着剤を一切使わず互いに差し込みながら積み上げる。積み方は無限で、形態やサイズは自由に可変できる。4000枚を織り上げた茶室は、細胞分裂を繰り返す生命体のようである。紙の質感に包まれた内部は、胎内のような温かくやわらかな空間となった。

京都 二条城、中国 香港｜2016年5月
犬塚聡敬デザイン事務所＋灘アートギャラリー
パビリオン｜撮影：渡辺琢哉写真事務所

1｜茶室全景
二条城の台所土間に設営した小さな茶室。約4000枚の和紙を織り上げたざらざらとした肌をもつこの茶室は、人工物でありながらも小動物のような生命の気配を纏う。

2｜茶室内部
にじり口より内部を覗き込むと、圧倒的な紙の質量が現れる。通常紙は軽くてはかない素材だが、幾重にも折り重なった紙の積層による内部空間は、紙の重量／生命感を感じることができる。

リアル×バーチャル
100年後につくりたい空間は？

OPTIMUM MODULAR UNIT

特定の役割をもった物質（リアル）の組み合わせによる建築には、構造、下地、仕上げと部材を通して空間にヒエラルキーが生じてしまう。情報（バーチャル）によって制御されたOPTIMUM MODULAR UNITは、状況に応じて性能を最適化し、単純な部分の組み換えによって多様な全体をつくり出す万能性をもつ。序列が解体され硬直から解き放たれた空間は、多様さをそのまま許容する細胞の集合体や生命体のようなやわらかいものとなる。

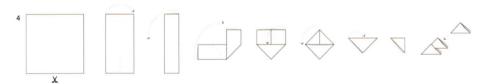

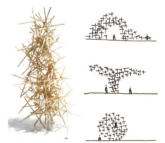

3｜設営プロセス
ドーム形状は、紙の自重と差込口の紙同士の摩擦力の均衡によって保たれる。構造強度や施工手順の検証のために実寸モックアップでの確認を繰り返した。設営には6人がかりで約8時間を要した。

4｜折り紙ユニット
500 mm×1000 mmの和紙を8折してつくった折り紙のユニット。シンプルな部分の秩序をデザイン対象とすることで、偶然を許容する自由でフレキシブルな全体をつくる。

5｜ユニットスタディ
折り紙ユニットのスタディ。差し込むツノとポケットの数や位置によって全体形状が変わる。また紙の厚さと折る回数によって強度が決まるため、構造性と操作性を同時に満たすユニットを探り出す。

6｜多様な最終形態
今回採用したドーム形状以外にも、積み方によってさまざまな形態をつくり上げることが可能。単純な部分をどのような秩序によって統制していくかで、多様な結果が生まれることを発見した。

暮 | 削

意味の脱着という往復の思考運動

文田昭仁
Fumita Akihito

私が考える現実空間の概念には、その中心にあってそれから逃れたいものが2つある。ひとつが物理的な現象としての重力の存在。もうひとつが空間を構成する各要素とその名前との結び付きの関係であり、観念的なものである。前者は物理的にそれから解放させることは、あらゆる角度から難易度が高い。しかし、もう一方は思考のレベルでは自由にできる。自分で設定してしまえばすむことであるからだ。ここではそのことに絞って説明をする。まずは空間の主要なエレメントである床、壁、天井という名前をその対象からいったん外し、要素と既存の意味との関係を解放させることから始めている。それぞれの意味の境目をなくすまで、抽象的なレベルに一元化させてみる過程が必要である。次はそれまでの工程を逆流させる。プレーンな状態に置き換えた各部位のボリュームに、どんな造形感覚なのかという意味を新たに与え直しながら具体化していく。意味の脱着という往復の思考運動であるが、元いた位置からは異なるところへ到達できる可能性がある。

ピアース南麻布

塊からボリュームを削り出した後に残る空間

1階エントランス内部空間が「上層階の重みで圧縮され、硬く重く強度のある塊から成る」としてとらえた。その塊から削り出されて残ったボリュームを一次的形態とし、自己完結したそれらの複合体を二次的形態と概念化。それらの二次形態同士の関係は、そこに「在るもの」と、それを受け止めることができる「在られるもの」の関係にある。それらが空間を構成していくというストーリーを設定した。さらには、順次スケールダウンしたボリュームの二次的形態に、ストーリーに即した素材とディテールを与えていくことで、次第に具体的な空間へと還元されることになる。特にディテールレスなディテールであることが重要であった。光はそれぞれの塊のボリューム存在と、それらの関係を明確にしながらその間からこぼれる光と差し込む光が空間を満たすことになっている。

東京 南麻布｜2018年11月｜モリモト
分譲マンション外装、エントランス内装｜撮影:文田昭仁デザインオフィス

3 │ 対象的な上層階の外観
上層階の外観は線の集合で構成。一階が重量感と硬さを伴った塊として見立てているのとは対照的な造形感覚。各住戸のサイズに合わせた左右の分割と、上下階の分割を重層させている。

4 │ 光源の調整
間接光は案外難しく、光の出際の強さと光の伸びのバランスやノイジーな影の制御をもって完成されていく。机上だけでは完成度は高まらない。モックアップ、現場での試行錯誤が必須である。

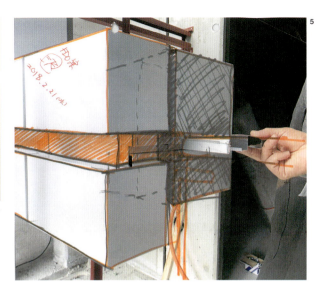

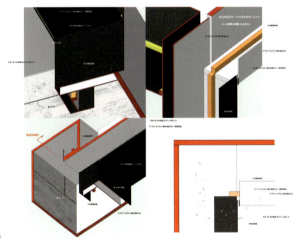

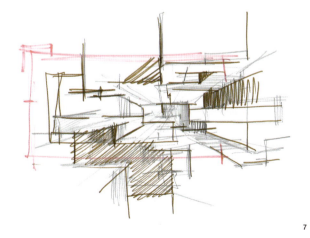

1 │ 塊としてのファサード
削り取られた切断面が外部と出会うファサード。コールテン鋼の黒とセラミックタイルのオフホイワイト。それぞれの塊が外部にあらわになる風景。

2 │ 空間に充満する光
各ボリュームが自己完結しており、そのことを明確にさせるためにそれらの間から漏れる光が空間を立体的に表す。光は設備的に付け加えられるべきものではない。

5 │ モックアップによる検討
上層階の外観を構成する重要な要素である部分と、ガラスの収まりを検討していたときの資料。分割目地と施工性などを関係者で協議する必要があった。

6 │ 光と形の整合性
言うまでもなく空間は三次元であるが、その表面素材の収まりと施工性と光源の関係はいつも合致するわけではない。ベターな関係を3Dと2Dを駆使して検討していた。

7 │ 造形感覚のスケッチ
上下左右や床、壁、天井の概念をはずし、分割と合成を繰り返している。先に説明した文章の補助的な図としての切削プロセスと分割プロセスのイメージスケッチ。

リアル×バーチャル
100年後につくりたい空間は？

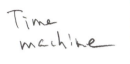

100年という期間が何をどこまで可能にしてくれるのかわからないが、AIにも期待し、シンギュラリティを通過しているとすると、今から100年後にはタイムスリップが可能かもしれない。そこで、タイムマシンの空間デザインをしてみたい。時と場の移動が可能なら、乗り物のようなものであるべきと考えるか、広大な土木レベルのスケールとするか、ウエアラブル端末とするか。そこで体験できることはバーチャルなのかリアルなのか。バーチャルとリアルという対称的な概念が存在しているかは疑問ではあるが。

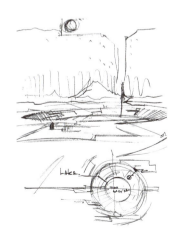

暮 | 記

アイデンティティの記号化

大西 亮
Onishi Ryo

デザインの語源は「計画を記号に表す」という意味のラテン語designareである。執筆を機会に初めて調べたところ、意外にも語源通りの操作をしていたのだと改めて気付かされた。施設や店舗のアイデンティティを記号化し、空間デザインに埋め込む。記号化が正しければ空間は正しさを感じられる空間になるといった算段である。
記号に使用されている「記」は、記憶／記念／記載／記事など、メモリアルやサイン・グラフィックといったデザインの空間言語に慣れ親しんだものと非常に近いこともうかがえる。LOUNGE by Francfrancと神田明神文化交流館EDOCCOはどちらもアイデンティティの記号化にこだわったプロジェクトである。ただし、「記」だけでなく「情」をいかに加えられるかが重要であり、記号化やコンセプトにとらわれすぎると「情」がなくなる罠ももっている。アイデンティティがもつ記号と空間のバランスを取り、いかに昇華させるかがオリジナリティであり、我々に期待されるところでもある。

LOUNGE by Francfranc
BLACK & WHITEの奥行き

ファサードデザインは欧州のメゾンを記号化し、新たな風景を創造。イラストは白と黒の2層レイヤーに分解、それぞれを微妙にアレンジすることで立体化し、ファサードに圧倒的な存在感を与えた。空間に表出する色を最小限に抑え、質感の感じ取れる操作を行うことで格式あるブランドアイデンティティを伝える空間メディアになった。

東京 南青山｜2012年10月｜乃村工藝社
ショップデザイン｜撮影：ナカサ＆パートナーズ

1｜存在感のあるファサード
青山通りと外苑西通りが交わる南青山三丁目交差点に位置する。旗艦店としての圧倒的な存在感を発揮。

2｜2層のレイヤーを立体化
グラフィカルなイラストは、黒と白の2層のレイヤーを立体化している。

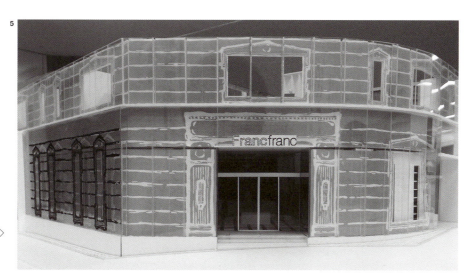

3｜イメージCG
プロジェクト初期に何案もイメージを作成し全体感をスタディ。この段階でクライアントとイメージを共有する。

4｜スケッチのタッチスタディ
スケッチとはいえタッチは無数にあるので模型で得た感覚を反映し、グラフィックデザイナーの選定、詳細発注を行う。

5｜スタディ模型1/50
イメージが固まった上で1/50モデル検証。CGでは見落とし損ねる立体検証を重ねる。

6｜部分スタディ模型1/20
スケールを上げてさらに詳細スタディを行う。線の太さやガラスとの距離感など図面では現れない部分を検証。

7｜現場にて実証実験
サンプルを制作し、メディアのシワや取り付けディテールなど最終的なあり方を確定。

神田明神文化交流館
EDOCCO

「神社」と「七五三」の記号化

文化の交流・価値の交流・精神の交流という3つの交流を目的としている神田明神文化交流館EDOCCO（EDO Culture Complex）は、千歳飴の発祥の地であり七五三という数字にゆかりがある施設でもある。それらの縁起や神社らしさを込めたデザインにより、神田神社のアイデンティティを体現することを試みた。「記号化された空間が発する言語からコミュニケーションが生まれること」が文化交流館におけるデザインの使命だととらえた。

東京 神田｜2018年12月｜乃村工藝社
ショップデザイン他｜撮影：ナカサ＆パートナーズ

8｜ロゴマーク
社殿を図案化し、神田明神の景観を表現。屋根の特徴的なひだは江戸文字のひとつである「牡丹字」、EDOCCOは「髭文字」から着想を得て、ひだや髭の数を奇数にすることで縁起の良さを想いとして込めた。

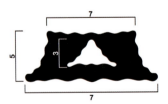

紙垂(シデ)

9｜神社らしさ
神田明神ならではの記号として、屋根の重なり・砥の粉(トノコ)・斗栱(トキョウ)・銅板葺き・朱・矢羽根柄・紙垂(シデ)などを組み込み「らしさ」と「縁起」を表現した。

10｜紙垂(シデ)+七五三
壁紙のデザインは、紙垂(シデ)モチーフにしながら七五三を入れ込み図案化。作家が縁起を担いで、図や文字に奇数を入れるのが江戸の粋であったことに倣って、現代の粋を表現した。

11｜物語
EDOCCOの前身であった鳳凰殿の記号を残すべく、新施設の最上階には鳳凰が舞い込んできた物語を設定し箔で設えた。ここにも格天井や朱を記号化している。

リアル×バーチャル
100年後につくりたい空間は？

Signaled Seed.

100年後の温暖化された世界をリアルととらえ、その際の空間づくりの妄想をバーチャルととらえた。もはや空間づくりの根底から創造することで未来を描くことはできないかというユーモアでもある。空間づくりのツールから変わるのではないかという仮説の上、考察した「Signaled seed」は家具や空間の記号(遺伝子)が埋め込まれた超サスティナブル材料である(遺伝子操作の議論はここではしない前提)。遺伝子デザイナーが出現し、設計者や現場監督という職がなくなり、土地に種を埋めるだけのセルフビルドの進化系ツール。テクノロジーがファンタジーを超える日が来ると信じて……。

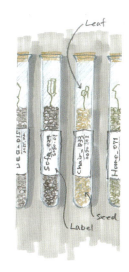

暮 | 続

同じ場所の絵を、描き替え続けていくために

田中みずき
Tanaka Mizuki

銭湯の浴室の大壁面に描かれる「ペンキ絵」は、数年毎の描き替えの際に同じ絵師が指名されることが多い。ひとつの空間に絵を描き続けていく中で、描き手はさまざまな工夫をする。富士山を中心にした風景画を描くことが多いのだが、施主や入浴客に絵が描き変わったことを示すため、構図や近景のモチーフ、色味などを変えていく。ひとつとして同じ絵はできない。

ベテランの絵師は前の絵を観ながらその場で絵の内容を決めていくこともあるが、私は事前に打ち合わせを行い、イメージ図を数パターン制作して相談するようにしている。すると施主からイメージ図を観るまでは言語化されていなかった新たな要望が出たり、今後はどのようなモチーフにして変化をつけていくか計画を練ってくださるようになったりしていく。このプロセスを制作のたびに行うことで、各銭湯のブランディングが見え、描き替え続けていくことの面白さが見えてくるのだ。毎日の入浴客がどのような気持ちで絵を眺めていて、変化を楽しんでくださるか、毎回の制作が勝負である。

稲荷湯

毎年の描き替えによる永続的ブランディング

稲荷湯ではペンキ絵制作を毎年行う。施主ご家族は常連客やホームステイに来る海外の子どもたちと絵について検討。「2020年のオリンピックの年にはこんな絵にしたい」という要望もあり、変化を逆算して絵が決まる。こちらも数年分のペンキ絵を予想してイメージ図をつくることが求められている。

東京 神田 | 2018年7月
銭湯壁面画 | 撮影：田中みずき

1 | 2016年度　稲荷湯ペンキ絵
「ペンキ絵を変えたことを気付いて欲しい！」とのことで、色味を大胆に変えて制作。常連さんほど制作後数カ月してから気付くなど、気付きにタイムラグがあるそう。

2 | 2017年度　稲荷湯ペンキ絵
「前年に変わった色味の絵にしたので、今年は空や富士をオーソドックスに」「スイス出身のお客さまとカナダからの留学生がいるので、スイスとカナダの絵を」との要望に沿って制作。

3 | 2018年度　稲荷湯ペンキ絵
「明るい色で」「富士山の色味を青ではなく少し変えたい」「タイからの留学生がいるのでタイの風景を」「飛行船や汽車もあると良い」とのことで、画面には映りきらないながらも要望を備えて制作。

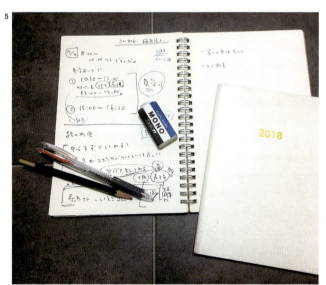

リアル×バーチャル
100年後につくりたい空間は？

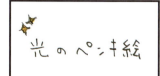

AIの発展により、実際に体験をするということが貴重になると予想している。そのとき、過去の記憶をもつ人間にとって意味のある「懐かしいもの」として富士山のペンキ絵は新たなニーズが出ているかもしれない。現場でしか鑑賞できないものとして、浴室の「光」を感じることができる金色を使って富士山を描いてみたい。富士山以外はあえて昔からのペンキ絵らしい絵にする。

4｜イメージは3種をつくる 数パターンのイメージを制作して相談する。イメージ図も過去のものを確認した上で、「要望に完全に添ったもの」「自分ならこうするというイメージ」「一般的なペンキ絵に近いもの」の3種を制作。

5｜必需品のメモ用ノート 常にメモ用ノートとスケジュール帖、筆記用具を持ち歩き、相談内容を記録する。隙間に会話を思い出す際の助けになる雑談の内容を書いておいたり、メモ内にイラストを描いたりできるよう、ノートは無地の紙。

6｜過去を振り返る 過去の作例を見直し、どのように変えていくかを考えていく。画像データのほか、自分のブログなどもさかのぼって何を描いてきたか確認していく。

189

暮 | 理

感性を触発する
理(ことわり)を求めて

洪 恒夫
Ko Tsuneo

空間やデザインしたものが利用する人に効果的に作用するとき、そこには効果をもたらした理由が必ず存在する。そして、その効果の強弱にデザインが大きく関わっている。デザインには身体的、物理的に作用するフィジカルなものと、心理的に作用するメンタルなものの双方がある。これらを上手くコントロールすることで生み出したい効果が高まるのである。大げさに言えば、こうした効果が生み出されるとき、そこには理(ことわり)と言えるからくりが存在する。感性を揺さぶり、感情を引き出すという一見感覚的に思われるものでも、それを引き起こす上にもロジックが存在するのである。効果を生み出すデザインには訳がある。こうした考えのもと、自分はデザインを行い、それらが引き起こす効果を楽しんでいる。

相鉄デザインブランドアップ
プロジェクト

鉄道の安全・安心・エレガントを具現する

相鉄の100周年事業のひとつ。駅、車両、そして制服まで、目に触れるものすべてのデザインをディレクションすることで、鉄道に求められる安全、安心はもとより、エレガントと称した心地良さや快適さ、楽しさなども利用者に提供する。そのことによって乗りたい、住みたいという気持ちにつなぎ、継続的に沿線の価値向上を目指す。

神奈川 | 2012年〜 | 相鉄ホールディング、相模鉄道、丹青社、good design company、PRODUCT DESIGN CENTER、アートディレクション：洪 恒夫・水野 学
ブランドデザイン・ディレクション | 撮影：ナカサ&パートナーズ

1 | 時間と共に醸成するデザイン
100年の歴史をもつ「鉄道」会社らしく、次の100年も見据え、「流行り廃りのないデザイン」をキーワードに時間と共に醸成するデザインを目指す。駅は鉄、レンガ、ガラスをキーマテリアルに展開。車両はシンプルで落ち着きのあるモノトーンに変革。地域のイメージからオリジナルカラーを「YOKOHAMA NAVYBLUE」とした。

2 | 時間によって変える色温度
車中空間は利用者とのコミュニケーションの場である。時間と共に色温度を変えることで、より利用者の気持ちに寄り添った空間がつくり出せる。朝は高い色温度で元気よく「行ってらっしゃい」。夜は低い色温度で「お疲れさま、お帰りなさい」。通勤・通学路線ならではのもてなしがデザインによって実現する。

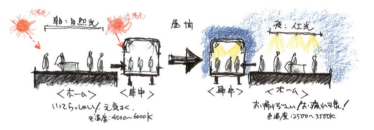

リアル×バーチャル
100年後につくりたい空間は？

この50年＝空間は急速に進化を遂げ、昨今ではデジタルなどのハイテクが空間コミュニケーションの精度と楽しさを高め始めた。100年後の未来像はイマジネーションによる予見。これからの50年＝ハイテクが空間機能をアップさせ、従前のヒューマンタッチを抜き去り、これらに引っ張られる進化を遂げる。これに続く50年＝アナログ領域までもがハイテクと擦り合い、「意のままに」目的達成に応える、ストレスレスで夢のサービスの空間が実現している。

3 | 車両は動く広告塔
空間はマクロ・ミクロ、視点も静止視点・移動視点のものとさまざまある。本プロジェクトは駅空間や街中に車両が移入、移動する総合的な風景など、多様な視点を意識しながらデザインした。ダイナミックなサインメッセージ、動く広告塔に見立てた車両など、企業のブランド訴求はいろいろな可能性がある。

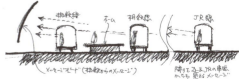
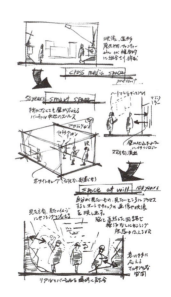

191

暮 | 間

豊かな時間が空間を満たす

峯岸 愛
Minegishi Ai

TDYリモデルコレクション2018
「十人十家」の暮らしの想い

TOTO、DAIKEN、YKK APによるリモデルフェア。さまざまな消費行動がモノからコトへと変化する中、リモデル需要もコト実現のためのリモデルに変化している。10人いれば10通りの暮らしの想いがある。そんな想いを具現化した10パターンのリモデル空間をリアル再現し、自分の想いを叶えられるリモデルの楽しさを体感していただく企画とした。

東京 幕張 | 2018年5月
ムラヤマ | アートディレクション | 撮影：J-LIGHTS

1 | テーマ展示会場風景
「十人十家」をテーマとしたリアルスケールのリモデル空間が並ぶ。10パターンのリモデル空間と、その想いをかなえる各社の技術を紹介。

2 | 太陽と風と仲良く過ごす家
自然を感じる暮らしに憧れる夫婦のためのリモデル空間。どの場所からも緑を感じる植栽の配置や、嗜好品、風に揺れるブランケットなど細部までこだわり、来場者が自分に重ね合わせてここでの時間を想像できる余白を演出した。

空間をデザインするときに、いつも意識しているのは「時間」だ。この空間で過ごす人をイメージする。その人がどんな景色の中、どんな表情で、どんなことを感じて過ごしているかを動的にイメージする。
そうすると、自然とそこには気配が生まれ、やわらかな「間」が見えてくる。大きさや形もさまざま。空気感を大切にしながら、最後にそこに必要な要素をていねいに選び、設えていく。
コツは完璧につくり込まずに、余白のような「間」を感じさせること。静的な空間に風を感じさせたり、人が入ることで完成する仕掛けを考えたり、あえてラフな表現をしてみたり、訪れる人の想像力をかき立て、さまざまなコトが生まれていく、そんな空間を目指している。何千人という人が集う大きなイベント空間も、家族で過ごすプライベートな空間も、すべてはそこで過ごす豊かな時間が空間を満たしていく。

Remodel Collection 1.

自然を楽しむ
「太陽と風と仲良く過ごす家」

Before　After

3｜コトを描くストーリーづくり
商材を組み合わせただけの空間ではコトは伝わらない。この空間に気配を感じさせ、住まう人の趣味嗜好やこだわりを匂わせるために、ペルソナやバックストーリーを描き、空間に落とし込んだ。

5｜スタイリング
TDY、協賛企業、コラボパートナー、計20社の商材よりマテリアルや設備、プロップスを選定し、スタイリングする。10パターンの異なる空間デザインに合わせて、さまざまな組み合わせを試作した。

4｜Before/After
リモデル空間であることを示すために、10のコトのストーリーに合わせて、それぞれ間取りでBefore/Afterを計画した。展示会ではAfterの一部分を切り取って空間再現している。

6｜10の暮らし提案グラフィック
空間展示以外にもサイン、グラフィック、ムービー、ブック、ウェブなど、さまざまなコミュニケーションツールをデザイン。あらゆる接点において、コト視点の軸をぶらさずにブランディングを行った。

リアル×バーチャル
100年後につくりたい空間は？

新しく懐かしい
茶の湯の世界

新しいものをつくるだけでなく、未来に残したいものがたくさんある。
その中にはリアルなモノとして残すことが難しいものもきっとあるだろう。
デザイナーの仕事に就いてから茶道を習い始めた。最初は多忙な日々を整えるために通っていたのだが、経験を重ねるうちに、おもてなしの心、五感で感じる美と創造の世界、技と遊び心、自然や人への敬意など、デザイナーとして、日本人として学ぶべきことがたくさん詰まっていることを実感した。すでに現代においても茶道を楽しむ人はそう多くない。堅苦しそうなイメージ。和室離れ。さまざまな理由があると思うが、このまま衰退してしまうのはあまりにも惜しく、100年後に本質的な価値を伝えるアイデアを模索したい。
バーチャルの技術が進化していくならば、視覚だけでなく五感の再現性が高まっているかもしれない。例えば庭のない狭小空間でも自然に包まれた広がりのある空間を感じることができるかもしれない。視覚に頼るのは創造性に欠けるので、何もない空間に、音、香、温度、質感などのバーチャル再現で茶室に入ったときの凛とした空気感や、和の心を思い出させる懐かしさのようなものを表現してみたい。そこに対面カウンターをひとつ置いて、亭主と客人が向かい合い、旬の和菓子と茶と心でもてなす上質なお点前を堪能できる、茶の湯屋を開いてみてはどうだろう。

193

暮 | 継

人と人・社会・自然・時間をつなぐ

西村佳哲
Nishimura Yoshiaki

「アイデアとは、すでにある物事の新しい組み合わせである」（J・ヤング）。震災後の東北では、進行していた地域課題がさらに加速した感がある。次の社会創出に力を発揮したい若手の多くが、可能性をほかの土地に求めて離れ、地域内の新しい組み合わせが生まれにくくなっていると思う。この組み合わせの生成、新たなつなぎ直しには、地域内外に開かれた「文化的なたまり場」がいる。震災直後、地元経営者の一部は自社再建と併行し、新たな仕事づくりの模索を始めた。長谷川建設代表の長谷川順一氏は一週間に及ぶ電力喪失を通じ、地域のエネルギー的な脆弱さを痛感。復興工事の手配と同時に、社内に木質バイオマスの新事業を立ち上げる。それに続く流れで、この施設の建設工事と、運営・経営を引き受けていった。被災地にはボランティアをはじめ無数の人々が訪れ関与する。大量の関係資産が短期的に生じるわけだが、その健やかな運用を実現できる地域は少ない。止まり木がなければ鳥も止まれないし、つながるものもつながらないのである。

箱根山テラス

木と人をいかす宿泊・滞在施設

2011年の東日本大震災後、陸前高田の企業経営者や、外から関わる人々の語り合いを通じて生まれた空間。20数名分の宿泊棟、広いウッドデッキ、ワークショップ・ルームをもつセンター棟からなる。震災後に必要性が高まった諸要素を背景に、民間のプロジェクトとして開発された。

岩手 陸前高田｜2014年9月｜長谷川建設（設計：オンサイト、AIDA ATELIER、ビオフォルム、IDEE、Blue moon design office）プランニング＆ディレクション｜撮影：西村佳哲

1・2　多様な居場所となるテラス
大きな特徴は、名前のとおり広い「テラス」にある。グループサイズに応じてさまざまな居場所を見い出せる多様な環境が、長谷川浩己（オンサイト）を中心に設計された。広田湾とその向こうに眺望が広がる。

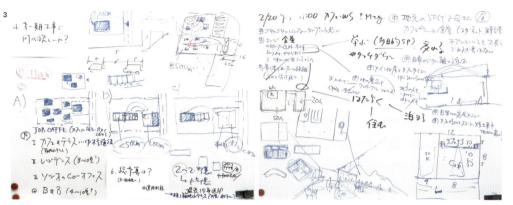

3

3｜ファシリテーション
私の役割は企画支援やコーディネートと、設計その他のファシリテーション。施主と相性のよい設計チームを組み、議論の言語化・視覚化を図り、現場監督を見つけてくるなど足りない要素を補った。

4｜ワークショップ・ルーム
センター棟1階には、大人数の食卓にも、ワークショップの作業机にも、コワーキングにも使える大きなテーブル。2階には研修や、アーティストの滞在制作に使えるワークショップ・ルームがある。

リアル×バーチャル
100年後につくりたい空間は？

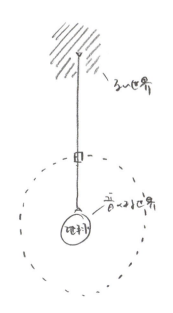

100年後の地球人口が112億人（国連予測）だとしたら、宇宙の空間利用は不可欠で、「軌道エレベーター」がその構成技術のひとつになる。宇宙と地上の最大の環境差は重力だが、人間の身体を変えない方針で人工的につくり出す場合、次の大きな要素は大気であり「音」の有無になる。宇宙の人たちは音のない空間に囲まれた世界で、ナチュラルな音に満ちた地上の大気を愛しく思うのでは。軌道エレベーターの一部を使って、地球に耳をあてる聴診器をつくる。

4

5

6

7

5｜30案以上を検討したプラン
中期、最終のプラン模型。基本配置は変わらないが、テラスの細部は30案以上検討された。高低差のある漁村集落的な配棟も模索されたが、バリアフリーの観点で、車からデッキまでフラットにつながる最終案に。

6｜ランドスケープデザイン
傾斜地における建築設計には、造成工事や敷地の雨仕舞いを含み、ランドスケープデザインの経験値が欠かせない。基本構想は2泊3日の現地合宿を行い、模型も組み上げながら、地形特性の共有に注力した。

7｜中核となるデッキ
仮設住宅の生活が続く、中心市街地のかさ上げで公園的な空間が限られる復興期の陸前高田で、イベントにも使える広場や遠い眺望は重要と考え、テラスを中核に。デッキ材は20年保証のニュージーランド製。

195

暮 | 秤

秤に掛けて調える

中村耕一郎
Nakamura Koichiro

まずはロケーションや空間条件など「変えられない」与件と自分が手を加えることができる「変えられる」物事を秤に掛けて調える。それからは「コンセプト」と「ひらめき」、「直感」と「理屈」、「色」と「素材」、「強さ」と「静穏」、「機能」と「情緒」、「プラン」と「アイデア」など、とにかく「秤に掛ける」を繰り返す。黄金比や白銀比といった理論的な美しさではないけれど、自分なりの感覚を頼りに、いろいろな与件や物事とていねいに向き合い、加えたり削ぎ落としたりしていく。もっとも大切にしていることはデザインする空間を正対してとらえたときの「心地の良いつり合い」。そして最後の最後まで秤に掛けて調えていくこと。「整える」ではなく「調える」感じで。映画監督のウェス・アンダーソンが描く映像のように、空間を正対してとらえていながらも人間味と情景の奥行きを感じるバランスの取れた描写。構図としての美しさとそれに含まれる心地の良さをあわせもつ巧妙さ。そんなシーンを描けるようになりたいと思う。

中目黒高架下
中目黒らしい街の楽しみ方

中目黒駅を起点とする高架下空間の約700mを商業化。街中の既存商店とも自然と溶け合い共存する「中目黒らしい街の楽しみ方」をテーマに施設づくりを行った。開発コンセプトは「SHARE」。高架橋をひとつの屋根ととらえ、連続する軒先で「時感・空感・情感」の共有を目指した。

東京 上目黒｜2016年11月｜商環境デザイン｜丹青社
撮影：ナカサ＆パートナーズ（2, 6）、ピップス（1, 5）

1｜街への送り出し
集客を既存商店と共有し、共存共栄の中枢を担う。1本の商店街から広がる街への回遊拠点となるべく「通り抜け」と「滲み出し」環境を形成し、周辺商業との賑わいのある一体化を図った。

2｜両側町の形成
既存商店の連なりと呼応した両側町としての商店街を形成。その集客は街全体に波及し、横丁の雰囲気をそのままに「中目黒らしい」個性のある商店街づくりを実現した。

3・5｜軒先と橋脚柱番号の共有
高架の保守保安点検・管理のために印字した橋脚柱番号は、街並みに馴染みながらも通りを往来し商店を利用する人々には「位置情報（アドレス）」となり、長く続く商店街の「距離感」「括り」「繋がり」を想起させる目印となっている。

4｜区画形状の概念図
周辺ロケーションが目黒川〜山手通り〜駅前〜商店〜住宅街と移り変わるなか、両側町として店舗の個性づくりと賑わい創出のために、区画形状は意図的に凸凹とさせた。

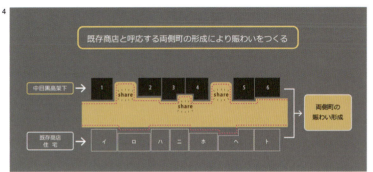

6｜凸凹した区画形状
高架躯体の柱を現し、街並みや隣接店舗との間にできた凸凹のギャップは、植栽や街の明かりを灯す共有スペースとなり、街歩きの楽しさと賑わい創出の仕掛けとなっている。

7｜計画当初に描いた街並みスケッチ
軒先をシェアしながら、街に開かれた商店が連なるコンセプトを、出店者とともに共有するために約700mすべての展開スケッチを描いた。

リアル×バーチャル
100年後につくりたい空間は？

"リアルとバーチャルの転換"
時代と寄り添い
生きつづける空間

このところ、京都三条近くの築100年を超える町家を店舗にリノベーションする仕事や、創業500年にわたる老舗和菓子屋の新店舗や歴史展示の仕事に携わる機会が続いた。十数年前に歴史的な建造物である赤レンガ倉庫を商業化するお手伝いをしたときに感じたワクワクした気持ちが何だったのか、ようやく理解できた気がした。何百年もの時を経て生き続けるものの価値を読み解くことは、ある意味ではバーチャルの領域ではないかと感じる。先人たちが築いたものを受け継ぎ、今の時代に合わせてアダプトする。100年後にリアルとして存在するテクノロジーを駆使して、その時代に寄り添った姿で、次代に引き継ぐような空間を残していきたい。

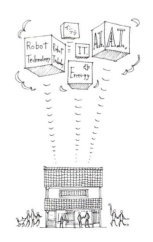

協賛

株式会社乃村工藝社

株式会社丹青社

株式会社スペース

株式会社博展

株式会社ムラヤマ

株式会社フジヤ

株式会社資生堂

協賛企業名一覧

プレミア
株式会社乃村工藝社
株式会社丹青社
株式会社スペース
株式会社博展

プラチナ
株式会社フジヤ
株式会社ムラヤマ
株式会社資生堂

ゴールド
株式会社ニップコーポレーション
パナソニック株式会社 ライフソリューションズ社
大光電機株式会社
株式会社ラックランド

シルバー
株式会社Too

ブロンズ
株式会社オカムラ
学校法人原宿学園　東京デザイン専門学校
株式会社ノムラデュオ
株式会社成和電気
株式会社小西造型

おわりに

私たち日本空間デザイン協会は、2012年に一般社団法人への移行を機会に、現在の協会名に改名した。以前は日本ディスプレイデザイン協会という名称で、多様な空間デザイナーが結集し、日本の空間デザインの発展を牽引してきた。ちょうど10年前の2009年、協会創立50周年を記念して、前書『空間創造発想帖』を発行した。「ディスプレイデザイナーのアタマとシゴト」というサブタイトルを付けたこの本は、クリエイターの創造のプロセスをひもとく本として、現在も売れ続けている。

あれから10年。世界はいったい何が変化、進化、発展したのだろう。

ファスト・ファッション、ハイブリッドカー、ノンアルコールビール、Wi-Fiと公衆無線LANが普及し、東日本大震災が起こり、iPhone 3GはXに至った。その間マイケルとジョブズが天国へ。2019年初めには長年当協会の顧問を務められ、日本のデザイン産業の発展に尽力された堺屋太一氏が亡くなられた。

さてこの度、私たち協会は創立60周年を迎える。この10年を振り返りつつ新たな未来を見通すため、ここに『空間デザイン帖』を発行する。

2020年には東京オリンピック・パラリンピック、2025年には大阪で万国博覧会が開催される。空間デザインの重要度がますます高まる中、空間デザインというクリエイティブのさらなる質の向上に務めていきたいと考えている。

一般社団法人日本空間デザイン協会
会長　鈴木恵千代

執筆者プロフィール

執筆者名、掲載頁、
主な仕事と受賞歴など

青野恵太　Aono Keita　P028

1975年スイス生まれ。大阪芸術大学建築学科卒業。1999年に乃村工藝社に入社後、アパレルなどの専門店や外資系ホテル、国内外の商業施設など幅広く手掛け、インテリアを中心に建築から空間を創出できることやグローバルに活動できることを強みとしている。2015年にnendoと乃村工藝社の業務提携により設立されたonndoの代表を務める。「本質的なものとは何か？」ということを自問自答しながら、日々デザインに取り組んでいる。

秋葉哲也　Akiba Tetsuya　P102

学生時代より映像空間演出法を研究。2002年よりグラフィック・映像・サウンドを使った空間デザインプロダクションとしてアシュラスコープをスタート。2011年にアシュラスコープ®インスタレーション設立。空間・グラフィック・サウンド・WEBなど多様なデザイン経験の中でPMを独自開発。デザイン・コンテンツだけではなく技術的なアプローチ（特許技術複数所有）も行う。その独自技術を「メディアリウム®（「東京都ベンチャー技術大賞」大賞受賞）」と名付け、広範囲な知識と技術を強みに、さまざまな業界の企画からコンテンツ制作まで幅広く活動している。

荒木秀暢　Araki Hidenobu　P129

1985年京都生まれ。2009年京都造形芸術大学空間デザイン学部を卒業後、フジヤ入社。主に展示会ブースを中心としたイベント空間のデザインに携わる。メーカーブースやショールームなどでDSA、NDF入選多数。

五十嵐瑠衣　Igarashi Lui　P084

東京生まれ。トラフ建築設計事務所、長谷川豪建築設計事務所を経て、2012年から個人で設計活動を開始。主に展覧会での設計を手掛ける。21_21 DESIGN SIGHT企画展「デザインあ展」「コメ展」「デザインの解剖展」ほか、国立新美術館「MIYAKE ISSEY展」、「もしかする未来 工学×デザイン」、表参道ヒルズ「舘鼻則孝 リ・シンク展」、旧山口萬吉邸「舘鼻則孝と香りの日本文化」、巡回展「デザインあ展」など。

池田正樹　Ikeda Masaki　P107

1969年長野生まれ。丹青社入社後、エンターテインメント、イベント、商業施設、ミュージアムなどさまざまな業種を経験。まさかの一級建築士。

石河孝浩　Ishikawa Takahiro　P134

1979年愛知生まれ。丹青社入社後、主にミュージアムのプランニング、デザインに携わる。足立区ギャラクシティ、伊豆沼・内沼サンクチュアリセンター、ふじのくに地球環境史ミュージアム、岐阜かかみがはら航空宇宙博物館など。

石阪太郎　Ishisaka Taro　P164

1963年神戸市生まれ。電通入社以来、一貫してイベント＆スペースを手掛ける。広告会社ならではのプランニング力をいかしたコミュニケーション視点のエクスペリエンスデザインがベース。JT由比ガ浜海の家やアドミュージアム東京など、多数のイベント、博覧会、スペースをプロデュース。現在、電通ライブ執行役員。

いわさわたかし　Iwasawa Takashi　P170

1978年千葉生まれ。誕生以来、一貫して「岩沢兄弟」の弟を担当する。2002年、兄とともに兄弟を法人化。モノ・コト・ヒトのおもしろたのしい関係をつくるスペースデザインユニットとして、空間・家具・プロダクトなどの立体物設計、デジタル・アナログ両方のツールを活用したコミュニケーション設計を手掛ける。血縁上の弟としての役割以外に、リサーチ、コンセプト設計、映像・音響、よろずディレクションを担当する。（http://battanation.com）

上原 裕　Uehara Yutaka　P130

1963年東京生まれ。乃村工藝社入社後、公設・企業のミュージアム、国立公園ビジターセンターなど情報系のコミュニケーションスペース、水族館、動物園などのプランニング、デザインに携わる。国立科学博物館地球館、遠野市立博物館、とおの物語の館、那覇市立壺屋焼物博物館、十和田ビジターセンター、竹富島ビジターセンター、佐世保市九十九島水族館、長崎ペンギン水族館、八景島アクアミュージアムなど多数。

歌代 悟　Utashiro Satoru　P038

1985年新潟生まれ。博展にてプロモーション空間を中心としたデザインに携わる。グッドデザイン賞、iF DESIGN AWARD（独）、Exhibit Design Awards金賞（米）など受賞多数。東北芸術工科大学デザイン工学部プロダクトデザイン学科非常勤講師。

越膳博明　Echizen Hiroaki　P162

1979年生まれ。乃村工藝社入社後、ヒト・モノ・コトを念頭に置いた空間設計を心掛け、空間デザインの可能性を可視化させた多様な空間づくりを担う。主な実績として、銀座大食堂、横浜ロイヤルパークホテル日本料理四季亭、Baxter Tokyo、ARK HILLS LIBRARY、リーボッククラシックストア原宿、トレーディングポスト青山本店、WOODY PARTS FACTORY OFFICEなど。

大西 亮　Onishi Ryo　P184

1974年三重生まれ。乃村工藝社入社後、ミュージアムデザインに始まり、企業ショールーム、商業施設、ホテル、レジデンスと多種多様なデザインワー

クに携わる。情報伝達デザインとインテリアデザインの両方のバランスを図り、訴求力・メッセージ力のある空間デザインを手掛ける。主な担当物件はLOUNGE by Francfranc、3×3 Lab future、MRJミュージアム、i+Land nagasaki、神田明神文化交流館EDOCCO。

大森あき子　Omori Akiko　P077

大阪生まれ。大森デザイン事務所取締役。ショッピングセンターのウインドウ、全館装飾、百貨店のVP装飾、飲食店の店頭、店内をトータルに計画し集客するデザインを制作まで手掛ける。また、コミュニケーションスペースのデザインも担当。主な作品として、大阪市消費者センター「くらしのひろばエル」、あべちか年間装飾、彦根キャッスルホテル季節装飾など多数。

尾西雄一郎　Onishi Yuichiro　P088

1979年三重生まれ。スペース入社後、各種ショップからプロモーション空間のデザインに携わる。現在は大型商業施設、ホテル、リゾート空間など幅広い分野のプロジェクトマネジメントを行う。近年の主な実績として、奈良市総合観光案内所、香林坊東急スクエア、十六銀行川原町出張所、GLAMP ELEMENTなど多数。

片桐和也　Katagiri Kazuya　P180

1981年長野生まれ。2004年工学院大学建築学科卒業。2007年イリノイ工科大学修士課程修了後、メキシコにてLopez_Katagiri ARCHITECTS共同設立。日本帰国後、2010年隈研吾建築都市設計事務所入社。Victoria & Albert Museum at Dundee、中国美術学院博物館などを担当。2014年よりKatagiri Architecture+Design主宰。2017年国際的な活動のプラットフォームStudio 3Aをメキシコ、ドイツにて共同企画。モンテレイ大学、工学院大学非常勤講師、東京大学学術支援専門職員。

上垣内泰輔　Kamigaichi Taisuke　P152

1965年生まれ。丹青社入社後、飲食店、食物販店、アパレル店舗を始めとし、現在では大型商業施設、オフィス、ホテルなど広い分野の空間デザインに携わる。近年の担当としては、東急田園都市線2020系外装・内装デザイン、丹青社新社屋、祇園HANA吉兆、浅草ビューホテルロビー、ISETAN HAUS大名古屋ビルなどがある。

川田十夢　Kawada Tom　P100

1976年熊本生まれ。ミシンメーカーに10年間、開発者として勤めた後、独立。開発ユニットAR三兄弟の長男として活動。主なテレビ出演に「笑っていいとも！」「情熱大陸」「課外授業 ようこそ先輩」など。六本木ヒルズで「星にタッチパネル劇場」、渋谷で「テクノコント」を旗揚げするなど、実空間の拡張にも乗り出している。毎週金曜日22時00分からJ-WAVE「INNOVATION WORLD」が放送中。

窪田 茂　Kubota Shigeru　P040

窪田建築都市研究所代表。一級建築士。日本商環境デザイン協会理事長。1969年東京生まれ。設計事務所などを経て1999年独立。建築、インテリア、プロダクトを中心に、さまざまな業態のデザインを行っている。企画開発やプロデュースも行い、人が集まりコミュニティが生まれる場所づくりを提案している。代表作に、The WAREHOUSE（川崎殿町）、Mercedes-Benz Connection（六本木ほか）、UT STORE HARAJUKUなど。

栗原孝弘　Kurihara Takahiro　P174

1959年佐賀生まれ。乃村工藝社入社後、企業コミュニケーションスペースを中心にブランディングから空間まで一環したデザイン構築を図ってきた。「楽しむコトづくり」の発想で文化施設やエリア活性化のデザインにまで幅を広げている。主な作品として、京都鉄道博物館、竹中大工道具館、大阪ガスhug-MUSEUM、佐賀県立宇宙科学館「ゆめぎんが」リニューアルなど多数。

黒谷優美　Kurotani Yumi　P172

1992年生まれ、神奈川県鎌倉市出身。多摩美術大学環境デザイン学科卒業。在学中フィンランドのアールト大学芸術デザイン学部に留学。2015年資生堂に入社。主な仕事にグローバルSHISEIDO、ウィンドウディスプレイなど。2016年DSA日本空間デザイン賞金賞受賞。

桑名 功　Kuwana Isao　P091

1980年茨城生まれ。不動産関連のセールスプロモーションに従事した後、博展に入社。入社後は施設計画、イベント、インスタレーションなど幅広い領域でコミュニケーションデザインを行う。主な作品として、光と霧のデジタルアート庭園、東京モーターショーシトロエンブース、MAZDA AUTOMOBILE COUNCILなど。

小岩井淳雄　Koiwai Atsuo　P163

1960年東京生まれ。丹青社入社後、企業プロモーションやスポーツ施設分野を中心とした施設デザイン開発などに携わる。また、企業ブランドを高める付加価値情報空間のデザインにも携わる。主な作品として、ヤフオクドーム大規模リニューアル、横浜スタジアムリニューアル、HONDA FUN FAN LAB、キヤノンデジタルハウス、第40回東京モーターショーTOYOTAなど多数手掛ける。現在、日本空間デザイン協会デザイン賞担当理事を務める。

洪 恒夫　Ko Tsuneo　P190

1960年横浜生まれ。丹青社入社以来、ミュージアム、テーマパーク、博覧会など幅広い分野のプランニング、デザイン、プロデュースを手掛ける。2002年より東京大学総合研究博物館教員を兼務（現職＝特任教授）し、ミュージアム・展示などの可能性の実践型研究を推進。主な作品は、愛・地球博国際赤十字・赤新月パビリオン、JPタワー学術文化総合ミュージアム「インターメディアテク」、ふじのくに地球環境史ミュージアム、肥前さが幕末維新博覧会。

小坂 竜　Kosaka Ryu　P068

1960年東京生まれ。1984年武蔵野美術大学造形学部建築学科を卒業後、乃村工藝社入社。現、クリエイティブセンター統括エグゼクティブ・クリエイティブ・ディレクター及びA.N.D.部長。また、日本商環境デザイン協会副理事長、東京大学大学院工学系研究所建築学科非常勤講師を務める。マンダリン オリエンタル東京のメインダイニング、新丸ビルの環境デザイン、サクララウンジ（羽田空港JAL国際線）、イギリスの国際的に名誉あるアワード「Restaurant & Bar Design Awards 2014」のバー部門大賞「Best Bar」の日本人初受賞を始め、のべ8アワード9つのタイトルを受賞したW広州FEI（中国・広州）などを手掛ける。国内外の話題のレストランやホテル、レジデンスのデザインを数多く手掛け、現在は建築からインテリアまでのデザインなど、さらなる活躍の場を広げている。

小林陽子　Kobayashi Akiko　P173

1956年千葉生まれ。小林陽子事務所主宰。店舗、展示会、ミュージアム、ショールームなど何でもこなすのがモットー。特にコンセプトメーキングなどプランニングを得意とする。主な作品は、NHK 坂の上の雲ドラマ館、新庄駅「ゆめりあ」全体計画＋もがみ体験館、長野大町山岳博物館、岐阜県シネックスほかシネコン3件、金華山ロープウェイデザイン、手打ち蕎麦店一茶庵道場出身者開業店舗数々。飲食店などは厨房設計からこなす。

小林幹也　Kobayashi Motonari　P044

1970年東京生まれ。資生堂クリエイティブ本部デザ

インエクセレンスユニット アートディレクター。東京藝術大学大学院美術研究科デザイン専攻修了。1999年資生堂入社。2012〜2015年 SHISEIDO CHINA 上海駐在。広告制作のほか、グラフィック、ショーウインドウ、店舗開発、店内装飾、VMD、展示会、発表会のイベントなど、幅広くデザインを手掛ける。

斎藤俊二　Saito Shunji　P034

1969年群馬生まれ。スペース入社後、あらゆるジャンルの商業施設を中心とした商空間デザインに携わる。主な作品として、モラージュ（佐賀、柏）、Ario（蘇我、八尾）、ゆめタウン（広島、別府、新下関、廿日市）、あまがさきキューズモールRN、あべのキューズモールRN、エビスタ西宮、LECTなど多数。日本商環境デザイン協会理事。

酒井 亨　Sakai Akira　P128

1957年宮城生まれ。乃村工藝社入社後、東北地域の公共、商業施設などの広範な空間デザイン業務を担当。代表的な仕事は東北歴史博物館、岩手県立博物館改装、藤崎食品売場改装など。2017年定年退職後、2018年酒井デザイン事務所を設立。東北工業大学非常勤講師。

佐藤寧子　Sato Yasuko　P024

1965年神奈川生まれ。ディスプレイデザイン会社勤務を経て独立、2001年にプランクス設立、ショーウインドウを中心に商空間のディレクション、デザインに携わる。主な作品として、伊勢丹新宿店のプロモーションのディレクション、ウインドウや店内装飾のデザイン、GINZA SIX 地下2階フードフロアのウインドウや、エントランス、吹き抜けのインスタレーションなど。アーティストとコラボレーションしたプロジェクトも多い。

眞田岳彦　Sanada Takehiko　P056

1962年東京生まれ。1995年 Sanada studio設立。日本の衣服／繊維研究、造形活動を行う。北極圏グリーンランド滞在。2011〜2013年国立民族学博物館外来研究員、越後妻有アートトリエンナーレ「大地を包む」プロジェクトディレクター、メゾンエルメス「振動を宿すもの・眞田岳彦」展、カナダ大使館高円宮ギャラリー「カウチンセーター×眞田岳彦」展など多数。人材育成組織「眞田塾」主宰。女子美術大学特任教授。東北芸術工科大学客員教授。武蔵野美術大学非常勤講師。

執行昭彦　Shigyo Akihiko　P078, 132

1958年長崎出身。九州芸術工科大学工業設計学科卒業。1981年乃村工藝社入社。EXPO'85つくば科学万博歴史館、八王子市こども科学館、屋久杉自然館、ウッドピアいわき、佐賀県立宇宙科学館、長崎歴史文化博物館、釧路市こども遊学館、名古屋市科学館、国立科学博物館地球館などミュージアムを中心に施設計画、空間デザインに携わる。日本空間デザイン協会広報担当理事。

澁谷城太郎　Shibuya Jotaro　P072, 164

1965年横浜生まれ。東京造形大学卒業。乃村工藝社にて国内外のミュージアム、エキスポなどの計画・企画・設計を手掛ける。2000年、情報環境と施設空間の融合をテーマにミュゼグラムを設立。元京都造形芸術大学准教授。タウンコム（地域創造エージェンシー）企画開発担当取締役。事業創造・地域創造・観光政策の戦略構築からブランディングまで統合的なクリエイティブ・コンサルタントを務める。

城 康弘　Jo Yasuhiro　P058

1958年愛知生まれ。玉川大学卒業。パブリックファニチャーデザイン、店舗内装デザイン、映像制作会社を経て、1989年ミューを設立。企業理念「世界の人々に夢と感動と笑顔を」のもと、光・映像・音などを駆使した演出デザイン、演出システムを手掛ける。

新海一朗　Shinkai Ichiro　P168

1979年東京生まれ。千葉大学大学院デザイン専攻工学修士。在学中よりフリーランスのインテリア・グラフィックデザイナーとして活動。インテリアの設計・施工会社にてプランナーとして商業施設や公共空間のプロデュースに携わり独立後、SIGNAL Inc.共同設立。

末吉隆彦　Sueyoshi Takahiko　P116

1968年東京生まれ。ソニー入社後、ノートブックPC設計開発に従事。ソニーコンピュータサイエンス研究所にて屋内測位技術を核とするサービスを企画開発し、2007年クウジット設立。因果情報解析などAI・データ解析事業を展開。虎ノ門の街づくりを推進するグー・チョキ・パートナーズ 共同創業者。2018年、新虎通り沿いのコミュニティ施設「新虎小屋」を共同企画・運営。慶應義塾大学大学院SDM研究所研究員。米国PMI認定 Project Management Professional。

鈴木不二絵　Suzuki Fujie　P052

札幌生まれ。2001年乃村工藝社入社。博物館・展示施設の設計業務に従事した後、企業イベント・ショールームなどのVIデザイン、グラフィックデザインを多く手掛ける。ブランドのコンセプトやメッセージを形にし、常にユーザーの目線から考え、人々の心をほっとさせる温かみのあるデザインを得意としている。代表作は、川崎市 藤子・F・不二雄ミュージアム、ブリュッセル・フラワーカーペットなど。

先崎綾華　Senzaki Ayaka　P122

1979年福島生まれ。松下電工（現：パナソニック）入社後、商業照明ECに所属。飲食店、物販店、大型商業施設の環境その他、企業ショールーム、ホテルなどの幅広い業種と業態の照明計画に携わる。照明学会主催 Good Lighting Award受賞作品の照明計画に多数携わる。

高橋 匠　Takahashi Takumi　P160

1986年東京生まれ。武蔵野美術大学工芸工業デザイン学科卒業。博展入社後、体験を中心とした空間デザインに携わる。主な賞歴として、DSA金賞、NDF奨励賞、Exhibit Design Awards金賞（米）、iF DESIGN AWARD（独）、FRAME AWARDS（蘭）など入賞入選多数。

高橋久弥　Takahashi Hisaya　P066, 108

1961年生まれ。丹青社入社以来、ミュージアムを中心とした情報系のコミュニケーションスペースの企画・デザインに携わる。主な作品として、静岡県富士山世界遺産センター、すみだ北斎美術館、国立科学博物館地球館、北九州市立いのちのたび博物館、國立台灣海洋科技博物館など多数。千葉大学工学部デザイン学科非常勤講師。

武石正宣　Takeishi Masanobu　P062

1996年ICE都市環境照明研究所を設立、多岐に渡る照明デザイン・ディレクションを手掛ける。主なプロジェクトに、星のや（軽井沢、京都、竹富島、富士、東京、バリ）、太陽の塔 内部再生事業、中部国際空港セントレア、新丸ビル、コレド室町、東急プラザ銀座、パークハイアットソウル、W hotel広州 Fei Ultra Lounge、八芳園 白鳳館など。北米照明学会国際デザイン賞も多数受賞。

竹内舞弥　Takeuchi Maya　P104

1978年福岡生まれ。ムラヤマ入社後、飲食・物販を中心とした商業空間の企画・デザインに携わる。近年はエンターテインメント施設を手掛け、照明演出をいかしたワクワクする空間づくりを行う。味の明

太子ふくや飲食店舗開発、VR施設MAZARIAなど多数。

田中利岳　Tanaka Toshitake　P109, 118

1979年東京生まれ。ミュージアムを中心に、子ども関連施設や防災・震災関連施設など多岐に手掛ける。メッセージ性とアクティビティが広がる場へ仕立てることに強く力を注ぎ、全国を行脚。主な作品として、広島平和記念資料館本館・東館、さいたま市子ども家庭総合センター「ばれっとひろば」、薩摩川内市消防局防災研修センターなど多数。

田中みずき　Tanaka Mizuki　P188

1983年大阪生まれ。明治学院大学在学中に銭湯ペンキ絵師・中島盛夫氏に弟子入り。大学院修了後、出版社編集業勤務を経て、現在は夫の「便利屋こまむら」こと駒村佳和と銭湯のペンキ絵を制作。通常の銭湯でのペンキ絵制作のほか、展覧会、イベント、ワークショップなど多くの方にペンキ絵を使って銭湯に関心をもってもらえる活動を模索中。2015年越後妻有アートトリエンナーレ「今日の限界芸術百選展」など。

土居一美　Doi Kazumi　P138

1962年生まれ。乃村工藝社入社後、商業施設を中心としたデザインに携わる。主な業務として、百貨店、SC、専門店、企業SRなど多数。

土井啓郁　Doi Hirofumi　P078

1965年福岡生まれ。丹青社入社後、商業施設から博物館などの空間デザインを手掛ける。地方の埋もれたコンテンツを掘りおこし、その魅力を空間デザイン化し、感動を届ける。主な実績として港区立郷土歴史館、静岡県富士山世界遺産センター、すみだ北斎美術館、国立科学博物館地球館、國立臺灣海洋科技博物館など多数。

徳田純一　Tokuda Junichi　P168

1979年東京生まれ。千葉大学デザイン工学専攻工学士。HDKヨーテボリ大学（スウェーデン）デザイン学修士。System-O Design Associatesにて外資系オフィスのデザインに携わる。スウェーデンにわたりインテリア、家具デザイナーとして活動後、SIGNAL Inc.共同設立。

野老朝雄　Tokolo Asao　P012

1969年東京生まれ。幼少時より建築を学び、江頭慎に師事。2001年9月11日より「つなげること」をテーマに紋様の制作を始め、美術、建築、デザインの境界領域で活動を続ける。主な作品に、大名古屋ビルヂング下層部ファサードガラスパターン、東京2020オリンピック・パラリンピックエンブレム、大手町パークビルディングのための屋外彫刻作品などがある。2016年より東京大学工学部非常勤講師、東京造形大学客員教授。2017年より筑波大学非常勤講師。2018年より東京大学教養学部非常勤講師。

戸田知佐　Toda Chisa　P092

1964年京都生まれ。東京造形大学美術学科卒業、ハーバード大学ランドスケープアーキテクチュア修士終了。1998年オンサイト計画設計事務所共同設立。2007年パートナー。主な受賞歴、造園学会賞、建設大臣賞。主なプロジェクトに、品川セントラルガーデン、Brillia多摩ニュータウンなど。技術士（都市及び地方計画）、登録ランドスケープアーキテクト（RLA 00166）。多摩美術大学非常勤講師。

内藤純　Naito Jun　P050

1985年電通入社。展示会、ショールーム、店舗開発、都市開発など、多くの実績を誇る。愛・地球博トヨタグループ館、ミラノ万博日本館を始め、国際博覧会において数多くのパビリオンをプロデュース。スペース、映像、グラフィック、プロダクトなど幅広い領域でのクリエイター人脈とプロダクションネットワークを有する。2017年イベント・スペース領域の専門会社、電通ライブ創設。同COO。

仲 綾子　Naka Ayako　P142

1970年東京生まれ。東洋大学ライフデザイン学部人間環境デザイン学科准教授。博士（工学）。京都大学卒業、東京工業大学大学院修了。環境デザイン研究所、厚生労働省を経て現職。専門はこども環境、医療福祉建築。主著に『こどもとおとなの空間デザイン』（産学社、2018年、共著）、『保育園・幼稚園・こども園の設計手法』（学芸出版社、2019年、共編著）ほか。主な設計に、こども病院、小学校、保育園、授乳室、住宅ほか、日本建築学会子ども教育事業部会部会長、こども環境学会代議員ほか。

中井利明　Nakai Toshiaki　P110

1975年佐賀生まれ。2000年ムラヤマに入社。主に企業PR施設、アミューズメント施設、万博などを中心とした業務に従事。代表作に野球殿堂博物館（環境演出）、都電荒川線（活性化計画）、鈴鹿サーキットレーシングシアター／アドベンチャーヴィレッジリニューアル／サーキットチャレンジャーなど。DSAデザイン奨励賞、NDFディスプレイ産業奨励賞、SDAサインデザイン賞、アジアデザイン賞メリット賞など受賞。

中榮康二　Nakae Koji　P094

京都出身。丹青社入社後、ブランド体験を中心としたデザインに携わる。主な賞歴として、iF DESIGN AWARD 2019 GOLD、FRAME AWARDS 2019 People's choice、Design for Asia Awards Bronze Award、DSA金賞、銀賞など。

中村耕一郎　Nakamura Koichiro　P196

1967年生まれ、三重出身。丹青社に入社後、商業施設・専門店などを中心としたコマーシャルスペースのデザインに携わる。主な作品として、中目黒高架下、RACINES FARM TO PARK 南池袋公園、ISETAN HAUS大名古屋ビルヂング、エルベシャブリエ京都別館、TORAYA AOYAMA、虎屋 赤坂ギャラリー「とらやの羊羹デザイン展」など。

那須野純一　Nasuno Junichi　P106

1967年静岡生まれ。丹青社入社後、主にエンターテインメント施設やプロモーションのデザインに携わる。主な作品として、空庭温泉、ハワイアンズ、ジブリ立体造形物展、横浜ベイホテル東急など多数。温泉ソムリエ。

成田英樹　Narita Hideki　P076

1963年北海道釧路市生まれ。乃村工藝社勤務。サイエンスミュージアムを中心に、情報伝達のインターフェイスや、空間演出技術の視点からスペースデザインに携わる。浜松科学館リニューアル、名古屋市科学館理工館、国立科学博物館地球館、埼玉県環境科学センターなど作品多数。会津大学産業情報学科非常勤講師。

西村佳哲　Nishimura Yoshiaki　P194

1964年東京生まれ。リビングワールド代表。働き方研究家。つくる・書く・教える、大きく3つの領域で働く。開発的な仕事の相談を受けることが多く、展示デザイン系では内田洋行やミズノの企業ミュージアム、日本科学未来館、金沢21世紀美術館の特別展で制作。近年は東京と、徳島県神山町で二拠点居住を始め、同町の「まちを将来世代につなぐプロジェクト」に参画。著書に『自分の仕事をつくる』（ちくま文庫）『ひとの居場所をつくる』（筑摩書房）など。

野田光希　Noda Mitsuki　P154

1979年生まれ、岐阜出身。ラックランド入社後は食にまつわる空間デザインを中心にさまざまな業態ディレクションに携わる。主な作品としてヒルズ天生 Hills マーケットディレクション、会津バスターミナル、浄土ヶ浜パークホテル監修、SMTS 2018.19 LUCKLANDブース、個人所有60ftクルーザー内装デザイン、ラックオフィス監修ほか。現設計部門マネージャー。

信藤洋二　Nobuto Yoji　P044

1966年東京生まれ。資生堂クリエイティブ本部デザインエクセレンスユニットECD。東京藝術大学大学院美術研究科デザイン専攻修了。1992年資生堂入社。「資生堂銀座ビル」「SHISEIDO THE STORE」のクリエイティブディレクションや、「Brand SHISEIDO」のプロダクトデザインなどを手掛ける。2018年より銀座ビルを中心に「SHISEIDO WINDOW ART」を発信中。多摩美術大学プロダクトデザイン学科非常勤講師、東京アートディレクターズクラブ会員。

挾土秀平　Hasado Syuhei　P064

土にこだわる壁づくりを目指し、普段は、近代的な建築物や個人住宅、伝統的な土蔵や茶室の壁塗りを行う。天然の土と素材を使った塗り壁づくりは、モダンかつ斬新でほかに類がなく、独自の世界を生み出し、世界にも活躍の場を広げている。また左官だけにとどまらない空間や作品、デザインを数多く発表し、画廊・ギャラリーによる個展活動も含め幅広い活動を展開している。

橋本典久　Hashimoto Norihisa　P082

1973年愛知生まれ。1998年武蔵野美術大学映像学科卒業、2000年筑波大学大学院芸術研究科修了。文化庁メディア芸術祭平成15年度優秀賞受賞。2006年越後妻有アートトリエンナーレ2006（森の学校「キョロロ」）、2016年自然と美術の標本展（横須賀美術館）など展覧会多数。明治大学特任講師、武蔵野美術大学非常勤講師。

橋本夕紀夫　Hashimoto Yukio　P150

1962年愛知生まれ。1986年愛知県立芸術大学デザイン学科卒業。スーパーポテトを経て、橋本夕紀夫デザインスタジオを設立。愛知県立芸術大学非常勤講師、昭和女子大学非常勤講師。JCD優秀賞、タカシマヤ美術賞、IIDA Award of Distinction など受賞。代表作として、ザ・ペニンシュラホテル東京（日比谷）、Moonbird（ヤマギワ）、Hyatt Regency 瀬良垣アイランドイン沖縄（沖縄）など。『LEDと曲げわっぱ・進化する伝統デザイン』（六耀社）刊行。

長谷川眞理　Hasegawa Mari　P030, 174

クリエイティブディレクター。デザイナー。B to B情報系のコミュニケーションスペースのデザインを中心に活動。エキシビジョン、ショールーム、パビリオンなど。DSA、SDA、浜名湖花博、NDFなど受賞多数。最近の作品は、平昌オリンピックジャパンハウス。フジヤ勤務。

ハナムラチカヒロ　Hanamura Chikahiro　P144

1976年生まれ。「まなざしのデザイン」という独自の表現方法と、「風景異化論」という理論で、哲学と科学に基づく現象デザインを手掛ける。病院の吹き抜け空間でのインスタレーション「霧はれて光きたる春」は、日本空間デザイン大賞・日本経済新聞社賞2012を受賞。大阪府立大学准教授、ブリコラージュファウンデーション代表理事。

塙 崇之　Hanawa Takayuki　P173

1978年大阪生まれ。サイン・グラフィックデザイナーとしてさまざまな空間デザインに携わる。フジヤに合流後は、コミュニケーションスペース、文化施設、展示会ブースまで精力的に活動。主な案件として、柏崎市西山ふるさと館、仙台市水道記念館、東映ヒーローワールド、やきとりスタジアム東京など。

馬場正尊　Baba Masataka　P178

1968年佐賀生まれ。博報堂で博覧会の企画などに従事。雑誌「A」の編集長を経て、2003年オープン・エーを設立。建築設計、都市計画、執筆などを行う。同時期に「東京R不動産」を始める。近作として、シェアオフィス「Under Construction」（2016）、都市公園の宿泊施設「INN THE PARK」の設計、運営などを行う。東北芸術工科大学デザイン工学部教授。

ピクステック　P.I.C.S. TECH　P054

構成メンバーは現代美術、メディアアート、電気電子工学、建築、空間デザイン、自然科学研究などのバックグラウンドをもつ視点から、たえず新感覚の総合エンターテインメントの開発・プロデュースを行う。主に総合演出企画、体験・空間設計、テクニカルディレクション、プログラミング、プロトタイプ開発、コンテンツ演出、映像制作、機材仕様設計までを業務としている。上越市立水族博物館「うみがたり」にて空間映像演出、国際石油開発帝石（INPEX）企業ミュージアム「INPEX MUSEUM」企画・制作、Panasonic Real Time Tracking & Projection Mapping コンテンツ制作・システム共同開発など。

檜原由比子　Hihara Yuiko　P036, 109

クリエイティブディレクター、アートディレクター。武蔵野美術大学卒業、東京藝術大学大学院修了後、資生堂宣伝部広告デザイングループに入社。宣伝広告・ウインドウディスプレイにも携わる。現在ザ・ギンザのクリエイティブディレクター。日本空間デザイン賞大賞、優秀賞、特別賞、朝日新聞社賞、ADC賞、朝日広告賞、毎日広告賞、グッドデザイン賞ほか受賞多数。

姫野真佳　Himeno Masayoshi　P158

1982年静岡生まれ。イベント照明会社、照明デザイン事務所を経て大光電機入社。TACTデザイン課にて照明デザインに従事し、主にホテル、文化施設など大型物件の照明計画、特注器具デザインに携わる。主な参加プロジェクトは、広尾の教会、リーガロイヤルホテル京都「カザ」「トップ オブ キョウト」、日本女子大学図書館棟など。

廣瀬貢博　Hirose Mitsuhiro　P163

1957年生まれ。1981年乃村工藝社入社。ショールーム、展示会、博物館、AM施設、商業施設、イルミネーションなど、幅広いデザインに従事。代表作として大阪科学館、橿原こども科学館、梅小路蒸気機関車館、セガAM施設、100YEN SHOP Wattsなど。現在は、廣瀬デザイン事務所代表。

深野友規　Fukano Tomoki　P098

1983年神奈川生まれ。乃村工藝社入社後、ミュージアムを中心として企業ショールームから商業施設まで幅広くデザインに携わる。主な作品として、岡谷蚕糸博物館（ディスプレイ産業省2015奨励賞）、チューリップ四季彩館（DSA空間デザイン賞2016銀賞）、TOMOKO KODERA CONCEPT SHOP（JCDデザインアワード2016金賞・香港DFAアワード2016銅賞・シンガポールIDEAアワード2016金賞）など多数。

福田和男　Fukuda Kazuo　P110

1966年大阪生まれ。店舗設計、商業施設の内装管理室、商業施設の設計・企画会社などを経て、サクラインターナショナル入社、社内デザイナーとして多数の展示会での空間デザインに携わる。退職後、2011年よりREDFROG GREENFROG STUDIO、デザイナーとして空間デザインなどを主に活動。

藤森泰司　Fujimori Taiji　P114

1967年生まれ。家具デザイナー。1999年藤森泰司アトリエ設立。家具デザインを中心に、建築家とのコラボレーションや空間デザインも多数。ハイブランドの製品から、オフィス家具や小中学校の学童家具まで幅広く手掛け、スケールや領域を超えた家具デザインの新しいあり方を目指して活動している。桑沢デザイン研究所、多摩美術大学、東京大学非常勤講師。2016年よりグッドデザイン賞審査委員。

文田昭仁　Fumita Akihito　P182

1962年大阪生まれ。大阪芸術大学卒業後、リックデザイン入社。1995年文田昭仁デザインオフィス設立。代表作に日産銀座ギャラリー、東京モーターショー日産ブース、日産グローバル本社ギャラリー、髙島屋大阪店西館地下、SPIRITUAL MODE、DCMX SITE + SMBC、H-HOUSE（個人邸）など。アクセサリーデザインに始まり、商業空間のパブリックスペースまで、規模の大小を問わず総合的にデザイン活動をし、数多くの賞を受賞している。家具デザインにおいては製品化もされている。

堀 景祐　Hori Keisuke　P022

2010年千葉大学工学研究科建築・都市科学専攻修了。同年資生堂入社。主な仕事に「グローバルSHISEIDO」など。

松浦竜太郎　Matsuura Ryutaro　P070

1975年生まれ。大学・大学院で建築を専攻後、乃村工藝社入社。商業施設、ホテル、空港、ミュージアムなどの環境や空間デザインを国内外で数多く手掛ける。2015年、香港「40 UNDER 40」アワードにて「アジアで活躍する40歳以下のデザイナー40名」に選出される。福岡空港国内線環境、パナソニックミュージアム ものづくりイズム館、阪急メンズ東京、NIWAKA京都本店、リーガロイヤルグラン沖縄 Dining & Bar Aijuなど、商業施設から公共空間までさまざまな場づくりに携わる。

松尾高弘　Matsuo Takahiro　P086

1979年福岡出身。LUCENT代表。九州芸術工科大学大学院修了。映像、照明、テクノロジー、インタラクションと、美的表現による光のインスタレーションを手掛ける。自ら制作する映像やライティング、プログラミングなど、多彩な表現と技術によりアートワークを一貫して構築する。近年の主な商空間へのアートワークに、SHISEIDO THE STORE、コンラッド大阪、生きてるミュージアムNIFRELなど。

万井 純　Mani Jun　P156

1965年神戸市生まれ。丹青社プリンシパルクリエイティブディレクター。独自の視点によるモノ・コトの「価値」や、コミュニケーションの「あり様」をとらえ、それらを空間表現によるアプローチで最大化していくことを目指す。

峯岸 愛　Minegishi Ai　P192

1981年埼玉生まれ。ムラヤマ入社後、環境演出や展示会、イベント、ショールームなど、さまざまな分野のコミュニケーションスペースの企画デザインに携わる。常に訪れる人の気持ちを大切にし、ストーリー性のある空間づくりや、人の手仕事がつくり出す親しみのあるデザインを得意とする。主な作品にTDYリモデルコレクション2018、OSAKA ENGLISH VILLAGE、World Figure Skating Championships 2014、YAMAHA GINZA環境演出など多数。

森田昭一　Morita Shoichi　P042

スペース商環境研究所所長。商環境研究所は、人・街・店の関係性とその未来を創造し、場づくり（PLACE MAKING）としての空間創造を探求しているチーム。ショッピングセンターや大型店を中心に、そのマスタープランニングと環境意匠デザインに20年以上携わる。KUZUHA MALLリニューアルプロジェクト、Northport Mallリニューアルプロジェクト、赤城高原S.A.など。

森田雅美　Morita Masami　P018

東京生まれ。武蔵野美術大学空間演出デザイン学科卒。乃村工藝社入社後、文化・商業・企業PR施設のデザイン部門を経験。既存概念にとらわれない、次世代型提案を得意とする。国内外アワード受賞多数。世界40カ国150都市以上の歴史、建築、アート、デザイン調査をベースに、お客さまの右脳となり、エクスペリエンスデザインのコンサル、クリエイティブディレクション、課題のソリューション、未来のビジョンづくりを行う。ジャポニズム学会会員。

矢部達也　Yabe Tatsuya　P046

1964年愛知生まれ。企業内デザイナー経験後フリー。ディスプレイデザイン賞入賞・奨励賞・特別賞。TVチャンピオン「ウインドーディスプレイ王選手権」出場。SCHAUFENSTER（STYLE GUIDE）に作品掲載。非常勤講師としてトライデントデザイン専門学校、専門学校名古屋デザイナー学院、椙山女学園大学など。主な講座にデザイン感性学、感性教育、情報デザイン論、アイディア・トレーニングなど。幅広い分野で、学生とともに切磋琢磨を続ける。

山崎みどり　Yamazaki Midori　P014

クリエイティブディレクター。Central Saint Martins College of Arts and Design / MA Communication Design 卒業。adidas、Nikeのクリエイティブディレクターを経て、デジタルデザイン、グラフィック、広告、空間などのコミュニケーションデザインを中心に活動。DSA賞、DDA賞、ADC賞、TDC賞など受賞及び入選多数。

山田祐照　Yamada Hiroaki　P032

1956年秋田生まれ。東北工業大学工学部工業意匠学科卒業。ノムラデュオで統括クリエイティブディレクターを務める。空間デザインのデザインとディレクションを手掛ける。銀座和光、京橋ブリヂストン本社ショーウインドウでディスプレイデザイン最優秀賞受賞。人々の笑顔のために、ディスプレイという空間増幅装置を駆使し、あらゆる空間や環境に揚力を送り続けている。

山田竜太　Yamada Ryuta　P090

1977年東京生まれ。2002年乃村工藝社入社以来、エンターテインメントをテーマに、展示会、展覧会、ホテル、飲食物販施設など幅広い集客施設を手掛ける。デザインモットーは、訪れた人が「ワクワクキドキ」する空間づくり。空間デザインだけでなく、照明や音、ギミックなどを取り入れた複合空間演出デザインを得意とする。主な仕事に、進撃の巨人展、namie amuro Final Spaceなど。千葉大学工学部デザイン工学科外部講師。

湯浅 忠　Yuasa Tadashi　P077

1975年大阪生まれ。乃村工藝社入社後、企業系、博物館系のデザインに携わる。近年の業務として、のと里山里海ミュージアム、滋賀県立琵琶湖博物館リニューアル、ひだ宇宙科学館カミオカラボなどがある。最近の自己テーマは「伝わるデザイン」。

湯澤幸子　Yuzawa Sachiko　P146

1965年東京生まれ。一級建築士。多摩美術大学環境デザイン学科准教授。1988年丹青社入社後、商業、コミュニケーション、医療福祉、ミュージアムなど多様な分野のデザインに携わる。主な作品は、ジョンレノンミュージアム、酒田夢の倶楽、JPタワーインターメディアテク、日赤有楽町献血ルーム、赤十字子供

の家。2015年独立。Assocca Style主宰。

――

吉泉 聡 Yoshiizumi Satoshi　　P020

1981年山形生まれ。2013年TAKT PROJECTを設立・代表。デザインを通して「別の可能性を作る」実験的な自主研究プロジェクトを行い、国内外の美術館やデザイン展覧会で発表・招聘展示。その成果をベースにクライアントと多様なプロジェクトを展開している。主な受賞に、iF賞、Red Dot賞、German Design賞、グッドデザイン賞、香港M+作品収蔵など。

――

吉永光秀 Yoshinaga Mitsuhide　　P124

1963年東京生まれ。乃村工藝社エグゼクティブクリエイティブディレクター。乃村工藝社で初となるコミュニケーションデザインを軸に活動する。デザインブランドLHCを率い、人と人の間のコミュニケーションを考え、そこであるべき体験から発想するデザインを実現させるべく、建築からインテリア、展示やアートに至る幅広い領域のデザインを手掛ける。近年ではホテルのブランディングなど、コンセプトデザインも手掛けている。金沢美術工芸大学非常勤講師。

――

Ryo Kishi　　P096

東京生まれ。2010年東京大学大学院修了。卒業後3年間の休眠期間を経て、2014年より研究活動再開。技術やツールにこだわることなく現象に着目した実験製作を行い、ARS ELECTRONICA、21_21 DESIGN SIGHT、国立新美術館など国内外の展示会で作品を発表。文化庁メディア芸術祭新人賞などを受賞。

一般社団法人日本空間デザイン協会創立60周年記念出版事業

出版編集委員会
代表：鈴木恵千代
プロデュース：高橋久弥
編集委員長：澁谷城太郎
編集委員：執行昭彦、田中利岳、長谷川眞理、檜原由比子

アートディレクション：漆原悠一（tento）
デザイン：栗田茉奈（tento）
ライター：森田香子
編集：村田保子、田辺利香

空間デザイン帖
リアル⇄バーチャル

発行：2019年10月29日
企画・監修：一般社団法人日本空間デザイン協会
発行人：鈴木恵千代
発行所：一般社団法人日本空間デザイン協会
　〒107-0051 東京都港区元赤坂1-1-7 赤坂モートサイドビル4階B
　Tel:03-6721-1981 | Fax:03-6721-1980
　http://www.dsa.or.jp
発売所：株式会社六耀社
　〒135-0091 東京都港区台場2-3-1
　Tel:03-6426-0131 | Fax:03-6426-0143
　http://www.rikuyosha.co.jp
印刷・製本：シナノ書籍印刷株式会社

©Copyright 2019 DSA

Printed in Japan and Bound in Japan
ISBN978-4-8151-0005-6
NDC757.8 208P 18.2cm

無断で本書の複写・転載を禁じます。